父母话术训练手册

〔日〕原田绫子 著
董然 管莹 译

中国妇女出版社

图书在版编目（CIP）数据

父母话术训练手册 /（日）原田绫子著 ；董然，管莹译. -- 北京 ：中国妇女出版社，2018.6（2023.9重印）
ISBN 978-7-5127-1586-8

Ⅰ.①父… Ⅱ.①原… ②董… ③管… Ⅲ.①儿童教育－家庭教育 Ⅳ.①G782

中国版本图书馆CIP数据核字（2018）第056405号

著作权合同登记号 图字：01-2017-2785

父母话术训练手册

作　　者：〔日〕原田绫子 著 董然 管莹 译
责任编辑：王琳
封面设计：季晨
责任印制：王卫东
出版发行：中国妇女出版社
地　　址：北京市东城区史家胡同甲24号　　邮政编码：100010
电　　话：（010）65133160（发行部）　　65133161（邮购）
网　　址：www.womenbooks.cn
法律顾问：北京市道可特律师事务所
经　　销：各地新华书店
印　　刷：小森印刷（北京）有限公司
开　　本：150×215　1/16
印　　张：13.75
字　　数：125千字
版　　次：2018年6月第1版
印　　次：2023年9月第19次
书　　号：ISBN 978-7-5127-1586-8
定　　价：39.80元

写在前面的话

大家好，我是原田绫子。

感谢你阅读本书！

我曾经是琦玉县公立小学的一名教师，现在主要以阿德勒[1]心理学为基础开展一些以“给孩子勇气”为主题的育儿讲座、演讲以及咨询等。

不仅是在关东地区，我每天都怀着“想要帮助每一位奋斗在育儿战线上的妈妈”的心情，在全日本的各个城市间飞来飞去。

我自己也是两个孩子的妈妈。无论作为一名培训师，还是一位妈妈，我每天都在不断的学习中努力提升自己，同时也为了“让尽可能多的妈妈有一个能够放松下来，并能愉快学习的基

---

1 阿尔弗雷德·阿德勒，奥地利心理学家，个体心理学创始人，著有《自卑与超越》《人性的研究》《个体心理学的理论与实践》等。

地”而奋斗着。

我在“给孩子勇气”的育儿讲座上，会讲到有关心理学、与孩子的相处方法、母亲调整自我心态的方法等许许多多内容，但以前就有来听讲座的朋友向我提出建议，希望我能出版关于“能够给孩子勇气的话术集”，或是“在育儿过程中遇到问题时，能够随时打开并从中找出解决方法”的书。正好几乎是在同时，有出版社找到了我，于是我就将“给孩子勇气的话术”做了些总结。这就是本书的由来。

本书的内容通俗易懂，将生活中的不同场合、不同情境分为“日常生活及习惯”“学习”“人际关系”等部分，并列举了大量的实例，希望能为大家提供一些参考。

表扬、批评，或是通过奖惩措施来控制孩子，这样的方法见效确实是很快的。但这样做容易让孩子只是为了外界对自己的评价而去做事情，例如为了获得表扬而做，或是为了避免批评而做（不做）。而且，这样做所达成的效果只是短时期的，它无法激发出孩子真正的能力，而这也正是其副作用所在。

我在这里要讲的鼓励孩子的话术，并不是让孩子对家长言听计从，而是要传递给孩子一个信息，即“我们相信你”“你对我们很重要”“我们支持你”，让孩子感受到“我能行”“无论什么时候妈妈都会支持我的”，并从中获得勇气。

本书列举的事例当中，并没有什么特别的语言，或是“魔法咒语”，有的只是那些最朴实、平实的话。但正是这些“能够给孩子勇气的语言”，如果经常出现在与孩子的交流中，便会促进亲子间产生相互尊敬、相互信赖的关系，而孩子的自信心与动力也会自然而然地由内而生。

后面我要介绍的事例中，并非只有一个正确答案，说到底只是我的“建议”。因此，即使你无法按照我说的去做，也不必自责。请以一种轻松的态度与孩子进行交流吧。

所有母亲都是在不断的探索中逐渐成长起来的。比如，当孩子10岁的时候，母亲当妈妈的年龄也是10岁。如果孩子更小，那母亲便是新手妈妈。没有人在生完孩子之后马上就能成为自己心中理想的母亲。所以，妈妈也安心地和孩子一起慢慢成长便好。

请务必不要给自己施加过多的压力，让自己非要做到和书中所写的一样，或者非要成为一名出色的母亲。放轻松，在与孩子的沟通中慢慢地去练习说话的技巧吧！

原田绫子

— 目 录 —

第一章 什么是有助于孩子成长的语言

第二章

与日常生活习惯相关的话术

第三章 与学习相关的话术

第六章 为了鼓励孩子，要先鼓励自己

第一章

什么是有助于孩子成长的语言

孩子的性格能够被周围大人的语言左右

什么是语言的“力量”

人们经常会说，语言是有力量的。

这样的经历相信大家应该都有过：在你难过或遇到挫折的时候，别人的一句话鼓励了你，让你重新打起了精神。

但这里要讲的不是在人生的重大节点出现，或能够让人生产生转机的“语言的力量”，而是在日常生活中无意识下说出的话里所蕴含的“力量”。

例如，孩子考了80分。

“你这里为什么错啊？太可惜了！”

“看，之前练习过的字写出来了呢！把这次写错的字再练一遍，争取做到完美，好不好？”

同样情况下说出来的这两句话，在孩子听来，感觉却截然不同。

如果不理解我刚才讲的，请回顾一下自己的生活。

每天都为日常琐事忙得团团转的妈妈，由于急躁，可能免不了对孩子说出严厉的话。这种情况下，你内心的独白会是什么样的呢？

“啊！忙得晕头转向，还头脑一热拿孩子撒了气……我真是差劲。唉，真烦。”

“啊！忙得晕头转向，还头脑一热把气撒到了孩子身上。不过，我也努力了！做得其实还挺好的。偶尔犯错也没什么。稍微休息休息，调整一下吧！”

怎么样？同样的情况，给人的印象却大不相同。对孩子来说也是如此。能让人变得积极向上的语言，就是“给人勇气”的语言。一句这样的话，就能让人鼓起勇气。

把积极的态度作为礼物送给孩子

孩提时期，身边大人说出的话里总会有几句让孩子记忆深刻。尤其是鼓励的话语，无论过多久，孩子都能从中获得勇气。

在你的记忆中，有哪些让你印象深刻的话语吗？

这些话对你产生了哪些积极的影响？

- 我在正式场合总能发挥得很好。
- 我的发展空间还很大。
- 我很优秀。

● 有很多人支持我。

如果一个人心中能够有这样“积极的想法”，那么他的能力就能得到极大的发挥。

只要在平时与孩子的对话中稍加留意，那么就能获得这样的效果。

最初让我明白这个道理的，是初中时和我一起上升学补习班的朋友。与班上其他为了初中升学考试而拼命学习的孩子相比，他连上课时都喜欢和人闲聊。由于态度不端正，他还好几次被老师训斥。还有一次他甚至什么都没带就来补习班上课了，结果被老师勒令“立即去买本和笔”。

但不可思议的是，他不仅很受女生欢迎，而且在每个月走廊里张贴的成绩榜上也都名列前茅。

当然，在之后的升学考试中他也如愿考入了理想的学校。

后来我又见过他一次，并找机会向他提出了疑问：为什么明明没有怎么学习，成绩还那么好呢？他给我的回答是：

“因为妈妈总是告诉我，‘你是个能干的孩子，你能做到’。”

而且上小学后，由于老师对他格外关注，所以他的成绩直线上升。

“所以，我自己也认为‘我脑子好，学习好’。”他这样说。

果然，在他的潜意识中，有一个积极的想法在影响着他，那就是“我能行”。当然，现在想来，他的努力可能别人没有看到，但如果学习的过程充满了自信与快乐，那所学的知识自然会被很快地吸收。

什么是“消极的态度”

正如存在“积极的态度”一样，很遗憾，在不知不觉中打消孩子积极性的“消极的态度”也存在。

“别磨磨蹭蹭的，快点儿！”

试想，如果经常对孩子说这样的话，会产生怎样的效果呢？

首先，经常这么说的妈妈自己就会越来越认为“我家孩子动作慢”。同时，孩子也会出现“我动作慢”这样的自我认知，甚至可能会导致动作越来越慢。

不过请放心，这种情况下你可以这样说：

“比平时动作快了呢！”

“要是能在7点半之前吃完饭，妈妈会很高兴！”

像这样，只要在说话时稍加注意，就能改变孩子对自己的认识。

交流的基础不是“表扬”而是“鼓励”

表扬是好事，还是对孩子的纵容

最近，社会上开始提倡“多表扬孩子”“通过表扬来提高孩子”。但与此同时，一些妈妈也表示“说要多表扬，我也想这样，可在实际情况下总忍不住会生气，最后弄得自己情绪低落”“多表扬也许是好事，但不会变成纵容吗”……

事实上，我做教育以及向家长们提出建议的基础——阿德勒心理学指出，“鼓励”比“表扬”更重要。

下面介绍一些大家不熟悉的。

阿德勒心理学中的“阿德勒”，指的是19世纪末到20世纪初的奥地利心理学家阿尔弗雷德·阿德勒。近来，日本出版了许多有关阿德勒心理学的书籍，相信有些读者也有所耳闻。

在阿德勒心理学中，很重要的一点就是“鼓励”，换句话讲，也可以理解为“令人拥有能够克服困难的能力”。

表扬与鼓励的区别

表扬与鼓励的不同之处究竟在哪里呢？

它们的区别就在于，表扬与被表扬，鼓励与被鼓励中所涉及的人物关系不同。

表扬时，人物之间是纵向的上下关系。当孩子很好地完成了某项事情时，父母会对事情的结果给予肯定的评价，例如“了不起”“真棒”“干得漂亮”“好孩子”等。由此可以看出，父母的地位是高于孩子的。反之，当孩子做得不好的时候，父母则会发怒、批评，甚至训斥。像这样通过奖惩措施来支配孩子，也可以说是不尊重孩子的一种做法。

与之相对应，鼓励则是一种横向关系。即便年龄、身份不同，但生命的价值是相同的，孩子作为一个独立的人，也应获得尊重、信赖与重视。

除此之外，表扬与鼓励另一个极大的不同之处在于，一个注重结果，一个注重过程。表扬评价的是是否做到，是结果；鼓励所关注的并非结果，而是过程与态度。也就是说，只要把关注点放在是否在努力就好，即便结果可能时好时坏，但只要是一点点在进步即可。

表扬与鼓励的区别

表扬	鼓励
对优点给予评价、赞赏	给予对方克服困难的力量
评价的态度 上下关系	有同感的态度 横向（平等）关系

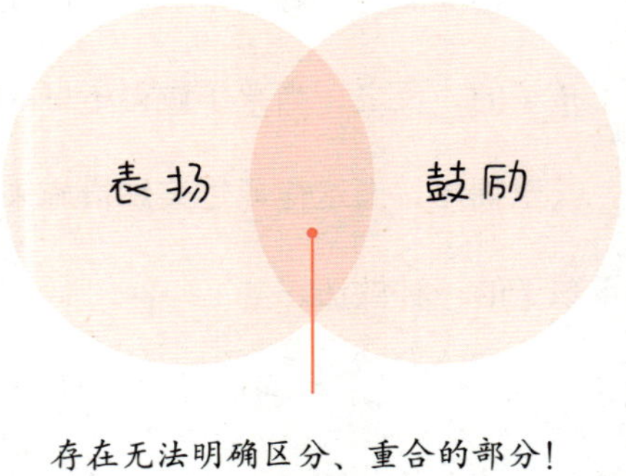

问题班级的孩子教会我的鼓励

就算不表扬、不批评，只要相信孩子自身的能力，他们的成长一定会令人惊讶。

实际上，教会我这些的，是我担任小学班主任时所带班中的孩子们。

那是一个从上一学年开始，不遵守课堂及学校秩序的行为就越来越严重的班级。由于班主任辞职，我便接手过来。在开学典礼的过程中，我发现班中很多人都在窃窃私语，无法静下心来，而且有的孩子甚至还有反抗的态度。

这个老师是敌是友？

她是什么样的人？能理解我们吗？

要是给她找点儿麻烦，她会有什么反应？

我能明显感觉到他们在试探我，而且那种感觉，即便现在，我也记忆犹新。

第二天，即使我已站在讲台上，班中也是乱糟糟一团，没有人听我指挥。这个班究竟是从什么时候开始、为什么会变成这样呢？

这样的班级，我能管理好吗？请辞的上一任班主任是个超级有经验的教师，而我还没有什么经验……虽然刚到这个学校不久，但还是有了“不想干了”“我不行”这样的想法。

但是转念一想，家长也希望能够放心地把孩子送到学校。所以，我不能逃避，要相信孩子们其实都是很出色的！现在只要尽力去做就好。以现在这种态度去做，后面只会越来越好。

你知道自己的闪光点吗

一天，我向孩子们提了一个问题。

“同学们！大家都知道自己有什么闪光点吗？”我笑着说。

对此，有些孩子摆出一脸事不关己的态度，有些甚至还发出嘲笑。但是，我也看到有些孩子脸上出现了与平时不一样的表情。很庆幸，我看到了这些细小的变化。

于是，我没有理会那些吵闹的孩子，而是去鼓励那些安静地看着我的孩子（那个时候，我虽然还没有接触阿德勒心理学，但会研究怎样与孩子相处才能激发他们的干劲，并且会每天回想自己所说的话与孩子们的反应，再记在本子上，就这样不断摸索，不断研究）。

我是这样做的。

“同学们，我现在想让大家来找一找自己的优点。你们每个人都有自己的闪光点哟！”

“哈？我才没有呢！”

一个男孩充满嘲讽的语气，很明显是在挑衅我。

但我依旧没有理会他。因为我知道这是孩子在试探我的反应，所以我并不会接受他们所发出的挑战。

我给他们每个人都发了一张纸，上面印着“语言的礼物”，并让他们把自己的优点写在这张纸上。

“写不出来啊！我成绩又不好，跑得又慢……”一个女孩这样说。

“那老师先写我喜欢自己的地方，大家看一下。”

说完我转过身，在黑板上写下了很多自己的优点。

能吃很多饭。

喜欢唱歌。

喜欢孩子。

了解花草。

声音大。

字写得大。

“哈哈哈……”能开心地笑。

不挑食。

我写了很多很多，直到把黑板写满。

刚才还在吵吵嚷嚷的孩子们，不知什么时候全回到了座位上，静静地看着我写。

“这种事也能写吗？”

“可以啊！就算是理所当然的事也没问题！想想看！”

即便这样，也有孩子说写不出来。于是，我从教室最左面开始，一个人一个人地，帮他们找出自己的优点。

“休息的时候很有活力。”

“吃饭吃得很好。”

“笑容很灿烂。”

“字写得很漂亮。”

……

“我很关注你。”

“我知道你的优点。”

“我是与大家同一阵营的。”

其实，我想向大家传达的，是这样的信息。

也就是那个时候，通过孩子们的眼睛，我看到了他们的可塑性。

“怎么样？是不是找到两三个闪光点了？老师刚刚认识你们不久，所以想多了解你们一些。”

孩子们手中的笔动起来了。等我注意到的时候，教室里已经安静下来，所有人都在认真写着。

而我，也开始为能够陪伴这些孩子成长而感到开心，并且兴奋不已。

这件事令我体会到，让孩子认识自己的优点，知道任何人都有“闪光点”是何等重要。

后来，我接触到阿德勒心理学中有关“鼓励”这部分才清楚地了解，有问题行为的孩子，往往是受过挫折，内心缺乏安全感的孩子。也就是说，这些孩子需要的，正是能够给他们勇气的语言还有互动。

孩子们一脸认真地给自己写着“语言的礼物”。

给 ______________

你（　　　　　　　　　）地方很出色。

对于那些怎么也写不出来的孩子，我会把他的优点告诉他。没过多久，一个孩子走到我面前，眼里闪着光，对我说：“老师！能再给我张纸吗？”

对此，我真的很开心。

还有人问：“老师！给朋友写‘语言的礼物’可以吗？”

我回答：“好啊，给你的同桌也写一张吧！”

再后来，我准备的纸变得越来越少，以至于我不得不又去复印了一些回来。

大家都写完后，我让孩子们在班里念。虽然有些害羞，但大家都很开心地说着自己的“闪光点”，听的孩子也自然地鼓起掌来。

对孩子们提出的唯一要求

念“闪光点”的时候，我向孩子们提出了唯一的要求。

“站在大家面前说话，有些同学并不擅长，还有些同学会紧张，但这些都没什么。就算说得不那么好，或者声音小，只要努力了就好。而且，我相信这些同学会做得越来越好。所以，希望同学们能够答应老师，不要嘲笑别人的失败，因为这样会对别人的内心造成伤害，而这种行为也是老师无法原谅的。”我很严肃地说。

刚才还一脸嘲讽地说没得可写的男孩，也在纸上写满了自己的优点。大家都开心地笑着。不知不觉中，孩子们的表情也变得柔和起来。

就这样，一点一点……

耐下心来……不要着急……不能苛求孩子做到完美。我这样告诉自己。

人越是努力，就越容易急躁，越容易陷入对孩子要求过高，或者只追求结果的误区。孩子是老师的镜子，如果老师急躁了，孩子们也会变得躁动不安。

一天结束后，我都会在本子上记录下班级的状况。

“这样做，产生了这样的结果。”

“做得好的地方、做得不好的地方。”

通过这样的记录，我能更好地把握班中的状况。

当然，保持“随时都面带笑容”是不可能的。

事情无法按计划顺利进行的情况也时有发生，更有些时候我甚至会在回家的路上，一边开车一边流泪，同时承认自己的能力有限。但是，无论发生什么，我都会告诉自己要相信孩子潜力无限，并且要相信我自己也还有巨大的可能。

从每天的笔记中学到的

日子一天天过去，我坚持每天把对孩子们说的话以及他们的反应记录在本子上。渐渐地，我发现了能够激发孩子自信与干劲的一些方式。

- 耐心、细致地向孩子表达你的想法，孩子就会对你敞开心扉，并获得成长。
- 如果态度是居高临下的，并且语气严厉，那么孩子就会对你关上心门，你想传达的信息他自然就接收不到了。（这样同样容易引起孩子的抵触情绪。不要吓孩子！）
- 希望孩子改正错误，但无论说多少遍都不管用，甚至可能会令错误加重。
- 比起孩子没做好的事情，更应该看到他们做好的事情，并给予认可和鼓励。

- 即便进步很小，也要给予肯定。
- 即便现在做不好，也要相信孩子慢慢就能够做好，并且也要让孩子相信这一点。
- 告诉孩子，他的事情大家都很重视，这会让孩子干劲十足。
- 批评孩子时只有两点需要注意：

  一定要有底线；

  态度必须坚决。
- 要有幽默感，给孩子创造一个愉快的氛围。

  ……

没错，这些方式在实际中与阿德勒心理学里的观点不谋而合。

除此之外，我还有一点发现，那就是“孩子就像个皮球”，从上面施加的压力越大，他们就越会反弹，会跳起来。最初的时候，孩子们可能会忍耐、默默承受压力，一旦所受的压力超过他们的承受能力，他们便会突然开始反抗。而这也正是造成孩子们不遵守学校秩序的原因之一（实际上，我听说这个班在上一个学年就已经很混乱了）。

问题少年小A为我亲手做的花束

就在这样的反复摸索与实践中，有一天，一件令我吃惊的事发生了。事情的主人公是学校中有名的问题少年小A。

一天早上，我像往常一样把车停在了学校停车场，通过后视镜，我看到了一个男孩的身影。这一大早会是谁呢？我下了车，向那个身影走去。走近后我认出，那是我们班上的小A。而且只有他一个人，背着书包站在那里。

他看到我便跑了过来。

“老师！早上好！这个，给！”

说着，他递给我一束花。

“老师，你喜欢花吧？这是我妈妈和我在院子里摘的，想尽早给你……”他害羞地笑了。

“谢谢！！！”我开心

得差点儿落泪。

我之所以会这样，是因为从第一次见面开始，小A对我就充满了排斥，并且总是带着嘲讽的态度。我从别的老师那里听说，他是一个只要别人不顺他的心，就会发怒的人，而且目光凌厉，还经常会动手。事实上，这样的事也确实发生过几次，而且我第一次见他时，他就因为生气而正在教室里胡闹、打人。

虽然在他出现危险行为时我训斥了他，但事后我把他找来谈话，想找出他出现如此行为的背后原因。可是面对我，他嘟囔道："反正老师你也觉得我无药可救了吧？我学习不好，吊儿郎当，爱打架，又粗鲁，还总惹我妈和老师生气。"

听他这么说，我猜他一定是从幼儿园起就经常被骂。而且，上一任班主任也确实和我说过这个孩子是最让人头疼的。

"老师不那么想啊。小A是很出色的孩子啊。你每天都精精神神地来学校，一到休息时就会冲到操场上。体育好，朋友多，力气也大！但是，危险的事情是绝对不可以做的。如果小A被谁打了，老师会很伤心的。我可不希望自己重要的学生身心受到伤害。"

明明已经做了那么多，为什么会……

第一次谈话后，我总会找出小A的许多优点，并告诉他。

但是，情况并没有发生什么好转。即便我这样做，小A也会动手打人。而且，无论我和他谈多少次，他依然我行我素。事情就这样反复着。

为什么？明明与他谈了这么多，为什么他还这样？明明找出了他那么多的优点，为什么他没有改变？我好几次忍不住这么想。还有些时候，我甚至会被气得忍无可忍。

但是突然之间，我意识到“是不是有哪儿做错了”。

“明明已经为他做了很多了，为什么他还是不行呢？”其实存在这样的想法，就已经是不尊重孩子了。

于是从那以后，我告诉自己一定要相信孩子，即便他们现在做不好，慢慢总有一天也会做好的。我还要求自己将目光放在“孩子内在的成长”以及“能做到的事，而并非不能做到的事”上，信任孩子，与他们一同成长。

渐渐地，我发现小A那些令人头疼的行为越来越少了。

有一次，小A这样和我说：

“老师，谢谢你发现我这么多优点。虽然我以前好多次都没有遵守和老师的约定，但我决定以后不这样做了。因为老师说了，要和我一起成长……”

这是他第一次敞开心扉同我说话，我会一直记住这一天。

从那以后，小A逐渐成为班中领袖般的存在，以前被用在调皮捣蛋上的精力也开始用在了对的地方。

可以说，小A给我上了重要的一堂课。

其他老师看到小A的变化，都惊呆了。

所有孩子都是很有潜力、很优秀的，这一点毋庸置疑。所以，想看到“希望的种子”开花，现在只需静静地等待。那么，无论是谁都将会展现出自己“最闪光的一面”。这就是我从小A身上学到的。

虽然只是变换了说话方式，但孩子与说话人的内心都会随之发生改变。内心发生变化，行动自然也会发生变化。这件事对

我来说是无比宝贵的经验，它让我真实地感受到了语言所蕴含的力量。甚至可以说，正是有了这次经历，我才会选择从事如今这个职业，向母亲们讲述孩子所拥有的无限可能，以及鼓励能给孩子带来的积极影响。

我并不是一开始就掌握了鼓励孩子的方法（话术），而是在不断的探索中，与孩子们一同成长起来的。练习说话技巧，就像小孩卸掉辅助轮学骑自行车一样，不能过于关注“结果”——自己是否做到，而是要肯定自己努力的“态度”，并不断鼓励自己“我很棒”。

所以，抱着“不惧失败”的态度，一步一个脚印慢慢去做吧。

与孩子交流时要关注哪些方面

先要关注“做到的事”

你在看孩子的成绩单时，会关注他成绩上升的科目吗？还是会关注他成绩下降的科目呢？当孩子带回的一叠试卷中有一张的成绩大大低于平均分，那么你首先会评论的又是什么呢？

通常情况下，大家首先注意的都会是成绩下降的科目，以及那张藏在众多高分试卷中的低分试卷吧？

其实，我们在与人交往时都是更容易发现他人的不足之处。所以，我们才要更加有意识地将注意力放在对方的优点或是有进步的地方。只要一直保持这种意识，就会自然变为一种习惯。

对孩子，更多地关注他“做到的”而非“未能做到的”，并对他给予肯定，这样便可以调动他的积极性。因为每个人都会不自觉地增加被关注行为的发生频率。与此同时，自己的长处获得关注，也能激发孩子的自信心，提高孩子对自我的肯定。

关注过程

当孩子考试得了100分时，你眼中看到的是不是只有他的分数？事实上，比分数更重要的是孩子为此付出了什么，也就是他能考100分所经历的过程。比如，不对他的成绩做出评论，而是对他说“每天都很认真地预习、复习了呢”“已经努力了呢”等，对他所做的努力给予肯定。如果孩子成绩不理想，同样可以使用这个方法，用类似“虽然结果可能没有预期的好，但你已经很努力了”这样的语言，对孩子努力学习的态度做出肯定。

关注“理所应当的事”

除了前面介绍的“关注做到的事”和“关注过程”这两个重点外，还有最重要的一点，就是“关注理所应当的事”。

不要只关注孩子取得重大进步的时候，对平常状态下的孩子给予认可和鼓励也是十分重要的。究其原因，是因为这样做会让孩子认识到“平时的我也是很优秀的”。

那么，到底什么算是“理所应当的事”呢？

早上起床会说“早上好”。

好好吃饭。

每天去学校。

不管天气冷热都自己背着书包上下学。

每天上五六小时的课。

放学后回家。

做作业。

玩的时候很有精神。

会和家人讲在学校发生的事情。

会和兄弟姐妹玩。

为第二天做准备。

注意清洁。

没错，就是类似这些几乎每个孩子每天都会做的、理所应当的事情。但有时父母会抱怨孩子“早上不叫就不起”“迟迟不去写作业”“不能按父母要求的速度吃饭”等。其实，这些是因为父母过于担心，而无意间忽视了孩子的“理所应当”。

至于如何用语言来表述你在关注孩子的“理所应当”，我会在第五章详细总结。

对话的种子埋藏于此

当你做到了关注孩子“做到的事”“过程”和“理所应当”，那么就可以试着做一些提高了。下面我来介绍一些具体的说话方式，这些对孩子来说，都是能够提高他对自我的肯定，提升自信心，并自发地追求进步的“养料”。

1.要看到孩子做出的贡献、协助，并向他表达自己的心情

家长要善于用语言表达自己的心情，比如“你可帮了大忙了”“你开心我就开心”。

例

▶你帮妈妈把盘子端过来啦，妈妈好开心。

▶你把碗刷了，谢谢。

▶谢谢你把衣服收回来。

2.指出孩子做出的成绩

与前面介绍的“关注孩子做到的事”相似，这里需要家长关注的是孩子的成长与进步，并且及时告诉孩子，比如“我觉得你这部分做得特别棒”“进步很大”等类似的话。

例

- 虽然不喜欢胡萝卜，但还是吃了一口。
- 比上次成绩进步了！
- （孩子在跑步时）摆臂的姿势比之前好了。

3.接受孩子的失败

很多事情并不是努力便会有结果。这个时候，家长就要站在孩子的角度，虽然会感到遗憾，但也要学着接受。在这个基础上，用“接下来应该怎么做呢”这样的语言，把关注点从过去的失败转移到今后要做的事情上。

例

▶（孩子不小心碰倒了桌子上的杯子）

没事吧？衣服没湿吧？

▶（孩子考试成绩不理想）

有些遗憾啊。

让我们一起想想，到下次考试前有什么是我们可以做的吧！

4.不要将孩子和别人做比较，要重视他自身的成长

有时，我们自以为关注的只是自己的孩子，但殊不知在不知不觉中，我们可能不止一次地将他与周围“其他孩子”做了比较，比如兄弟姐妹、朋友，甚至是妈妈自己小的时候，等等。但如果要做比较的话，还是拿孩子以前的表现做参照物比较好。也就是说，要重视孩子的成长，及时给予鼓励，比如“比上一次做得好了”等。

例

- 和上次比，这个部分完成得更好了。
- 这方面有进步。

5.对孩子具体的行为做出反应

这是指什么呢？举个例子，这里要做评价的不是孩子的成绩，而是他的行动，也可以称为“关注理所应当的行为”。

例如，孩子写作业的时候，可以说一句“写作业呢”，来表达妈妈有关注他，妈妈知道他在努力。

例

- 在为明天做准备呢。
- 在练字呢。

要如何把握表扬、批评和忽视

孩子做出那些让人头疼的行为是有目的的

前面讲的关于关注孩子“做到的事”以及“理所应当的事”这部分，你是否理解了呢？

那么，如果孩子做了什么令你不满意的事，要如何应对呢？

我建议大家这个时候选择忽视。

为何这么说呢？之前也曾讲过，因为人会不自觉地增加受关注行为的次数。

我先给大家讲一个我二女儿上幼儿园时的一件趣事。

一天，我和往常一样去幼儿园校车的停车站接女儿，谁知她一下车，就抽泣起来。她平时都是很精神的，今天这是怎么了？我一会儿还有事，赶时间啊……我正这么想着，女儿竟然蹲在地上，大声哭起来。

真愁人啊……还有别的事急着处理呢……

虽然我这么想，心里也有点儿急躁，但这个时候首先要让自己冷静下来，对正在哭泣的女儿表示理解。

“今天一天在幼儿园表现得很棒了！怎么了？是累了吗？”

我紧紧地抱住了女儿，鼓励她，但她还是一言不发。

“大家都有想哭的时候。但妈妈一会儿还有事，有点儿着急。所以，你要是一直坐在这里，妈妈会很发愁呢。能再努努力走几步吗？”

女儿听我说完，拉着我的手站了起来。于是，我又给她鼓了鼓劲。

“站起来了，谢谢你。能走一走吗？”

女儿走了三步。我继续鼓励她。

“走了几步呢。还能再走吗？到家就能好好休息了！”

就这样，我们总算走到了家。到家后，我同样也对她给予了鼓励。

“加油走回家了，帮了妈妈大忙了！谢谢！”

这个例子可能有些长，但像例子中这种孩子“让人头疼的行为”，我们在各种各样的场合都有可能遇到。即便种类、状况各有不同，但这些行为的背后都是有“目的”的。如果家长只是轻率地做出反应，那么不但可能无法制止孩子的行为，而且还会出现反作用。这又是为什么呢?

让我们从心理学的角度，详细解读一下。

前面介绍过的阿德勒心理学认为，人类所有的行为都是有“目的”的。所以，当时我的女儿也应该是有她的“目的”的。

在幼儿园遇到了什么事，让她看到妈妈的脸一放松就哭了出来，或者只是累了想睡觉——可能会有这些原因的影响，但孩子最主要的目的，就是得到“关注”。

正如前面所说，人们会增加受人关注的行为的频率。所以，如果我当时说的是“不要哭了”或者“不能不走啊”，关注的是女儿不好的方面，那她不好的行为反而会增加。

我对此采取的行为是，不去关注女儿让人头疼的行为（忽视），一边对她表示理解，一边去关注她做到的好的行为（不是没做到的）。同时，我还向女儿传达了“我在关注你”“我理解你的心情”“我是站在你这边的，我支持你”这样的信息。

当然，话虽如此，我自己有时也无法做到说的这样，同样也会感到急躁。

但是，只要明白了孩子的所有行为都是有目的的，那么在教育孩子时你就能从容很多。

另外，我们有时所说的孩子“让人头疼的行为”，其实只是父母单方面决定的令人感到“头疼的行为”而已。

比如，让小孩子在医院的候诊室里安安静静地等一小时是很困难的事情。但如果父母用自己希望的状态来要求孩子，那必然会因为理想与现实之间的差距而感到不快，产生“为什么不能安静等一会儿呢”这样的想法。这个时候，如果父母能想到“孩子还小，是坐不住的”，那不快的心情就能得到缓解。另外，孩子放学回家后如果迟迟不去做作业，那可能是因为他累了正在休息。

有副作用的表扬方式

我做小学老师的时候，认为孩子只要多表扬就可以，所以每天都努力去发现孩子们的优点，并给予表扬。对捡起垃圾的孩子，我会说“真是好孩子”；对坐姿正确的孩子，我会说“真棒”；对考了100分的孩子，我会说“真聪明”……在这样的环境中，孩子们每天都充满了活力。

但是，渐渐地，班里的状态变得越来越奇怪了。

“老师，我把垃圾捡了！”

“刚才扫除的工具乱七八糟的，我把它们整理好了。”

“我把教科书借给同学了。”

孩子们开始变得什么事都来向我汇报，同时还会说“我做××了呢，我棒不棒”“我是好孩子吧”……

这个时候，我意识到了问题，并开始反思自己的言行。孩子们的行为，并不是出于想这么做，而是为了受到我的表扬。证据就是，如果我一天不在班里，第二天班里就会满是垃圾。没人表扬就不做，这种状态可不妙！

于是，我开始改变方法，不再单纯表扬，而是向学生表达我的心情。

孩子捡了垃圾，我说的不再是“真棒”，而是“班里干净了，心情都好了”。孩子整理了乱七八糟的扫除工具，我会说“谢谢！帮了老师”。友善对待同学的时候，我会说“好感人啊”。

我开始避免使用“真棒啊”“好能干”“真聪明”之类带有评价色彩的语言，转而使用“谢谢”“帮大忙了”“太开心了”这种能够表达心情的语言。

一段时间以后，从孩子口中也听不到“我棒吗”“我厉害吧”这样的话了，并且他们也开始发自内心地行动了。

因为孩子已经不再追求被别人表扬，也就是说，他们行动的动力已不是外界对他们的评价，而是从内心发出的“帮助别人后的喜悦”，以及把卫生打扫干净后所体会到的舒适感。所以，即便在谁都看不到的地方（他们不是为了获得别人的称赞），他们也会主动捡起垃圾了。

批评也有技巧

与表扬一样，批评同样也需要注意方法。但在讨论批评的方法前，还有一个重要的事必须先说一下。

那就是“训斥”与“批评”的区别。

对于这两者，我是这么考虑的。

因为心情急躁而训斥孩子，是出于家长的原因；而批评是为对方着想，出于爱对方才进行教育。训斥并没有教育的意味在其中。也就是说，训斥是以自我为中心，而批评是以对方为中心。

训斥
将愤怒的情绪发泄在对方身上，是异常情绪的爆发。

批评
是将事物的好坏通过理性（冷静）的方法表达出来。

那么，什么时候才需要批评呢？

我认为很简单，只有两种情况需要批评：

① 对人（包括自己）的身心造成了伤害；

② 破坏了正常的社会秩序，给周围的人造成了很大的麻烦。

我在做小学老师的时候，一定会在开学仪式上将我这两个底线告诉孩子们。

不善于整理东西，挑食，字写得不好看，丢三落四，学不会自己上厕所，不擅长学习，自己穿不好衣服……这些事情完全没有批评的必要，只要耐心地将做法教给孩子就好。换言之，要让孩子思考做每件事情的目的是什么。

认真写字有什么好处吗？为什么不能挑食呢？如果孩子偏科，那家长就和孩子一起考虑如何解决。如果通过训斥，让孩子出于恐惧而行动，那培养出来的就会是“因为不想被骂而去做”的被动的孩子。也就是如果不会被骂，那就不会去做。

需要批评的情况可能并不多

当你想要批评孩子的时候，首先考虑一下这件事是否应该批评。

另外，需要夫妻双方经过商量后来制定一个底线。如果父母的意见不统一，或者父母本身观点就总在变化，都会给孩子造成不好的影响，使孩子感到混乱，从而不得不学会察言观色。

所以，细想一下就会发现，日常生活中真正需要批评孩子的情况，其实真的不多。

比如，孩子玩游戏总是不能遵守约定的时间。那很可能是因为所定的规则本身有问题。这个时候可以全家坐下来一起商量一下。因为相比别人制定的规则，自己也参与其中、通过民主方式制定的规则要更容易遵守。如果这样还不见效的话，可以大家一起商量再改善一下规则。

有助孩子成长的批评方式

在必须批评的情况下，要如何批评才有效呢？请记住以下5点。

① 要保持理性，谨慎选择用语。

→不要感情用事，使用过激的语言。

② 态度要坚决。

→不要让孩子看到你的犹豫。

③ 时间要短。

→不要絮絮叨叨说个不停，甚至翻“旧账”，说与这次无关的话题。

④ 态度严肃，要让孩子能看出这是你的底线。

→不要开玩笑，也不需要照顾孩子的情绪。

⑤ 批评只针对行为。

→不要说“你不行”这样否定人格的话。

与孩子交流时最需要注意的地方

语言与“角色设定”要匹配

在本小节之前，我们讲述的都是语言的重要性，以及语言的运用。

从第二章开始，我们将会从“日常生活习惯”“学习”“人际关系”这3个方面介绍具体情况下语言的使用。但在此之前，还有重要的一点需要注意。

有时，即便改变使用的语言，也见效甚微。

因为潜意识会决定人的发展方向。

如果一个人觉得“自己不行”，那他真的会变得不行。如果父母觉得孩子吊儿郎当，什么都做不好，那孩子真的就会变成那样。

举个例子，曾有位家长来找我咨询，说“孩子每次都要催好几次才会去学习”。但是，在和这位家长聊天的过程中，我发现她已经在潜意识中给孩子戴上了“学习不好”这顶帽子。

即便孩子并非如此，家长这个想法也会让孩子向这个方向发展。也就是说，因为只有唠叨孩子，他才会去学习，所以为了让孩子去学习，家长就会让自己处于一种“唠唠叨叨的状态”。

另外，母亲每强调一次“不学习不行”，就相当于暗示孩子一次“你是个不好好学习的坏孩子”。所以，孩子对自我的认知也会变成“我是个不好好学习的坏孩子”，并向这个人物设定越靠越近。

相反，如果孩子即便暂时没有做到，也能够相信自己，抱着“我一定能够做到！现在只是在练习”这样的态度去做，那他就会越来越接近心中那个能干的角色设定。大人同样如此。

所以，为了让孩子能对自己有一个好的人物设定，父母需要改变使用的语言，而这些语言又能让孩子对自己的人物设定变得更加出色。当然，这不是一朝一夕的事情，所以可以在能力范围之内，循序渐进地施行。

当然，做法上也有技巧。如果用力过猛，自己也容易产生痛苦、厌烦等负面情绪，所以一定要遵循以下几点。

- 循序渐进；
- 顺其自然；
- 在允许的范围内；
- 不用刻意努力；
- 不要责备自己。

要学会发现自身一丝一毫的进步，并给自己鼓劲。

就像与孩子对话时要“关注过程”一样，请试着持续练习一段时间吧！

第二章

与日常生活习惯相关的话术

日常生活习惯中遇到“愁人”情况时的话术

因为过分担心孩子而不自觉变唠叨的情况是否在你身上发生过呢？但你的唠叨有没有反而让孩子失去了做事的动力或者自信呢？

不过不用担心，在日常生活中，只要稍微改变视角，就能发现很多能够培养孩子干劲与自信的机会！过去的就让它过去吧，鼓起勇气，从今天开始，让我们一起揭开新的篇章！

为何孩子听不到你的催促

你知道一位妈妈每天对孩子说得最多的话是什么吗？

据统计，是“快点儿”。

相信大家也都有过切身体会。我自己着急的时候同样会这么说。当人们希望对方来迎合自己的脚步，或者希望对方能够接近自己心目中的理想状态时，这种想法越强烈，越容易不自觉地说出这句话。

我听过一句话，叫“孩子是慢车，家长是高铁”。这句话形象地表现出孩子与父母之间“步调的不一致”。

孩子总是不慌不忙的样子，而父母总是急急忙忙。尤其是年幼的孩子，动作麻利的恐怕没有几个。小孩子连说话都是慢悠悠的。

归根结底，由于孩子和父母在对速度的理解上存在差异，所以父母如果不管不顾地只是说“快点儿，快点儿”，那孩子根本就不会明白应该怎样做。说不定孩子已经在“加快速度”了。

所以，为了消除与孩子之间感觉上的差距，让孩子真正明白你想让他做的是什么，最重要的就是要对孩子的行为做出明确、具体的指示。

给大家举几个例子。

快点儿，准备上学去了！快点儿！

7点前要做好上学准备！
留出点儿富余会比较放心。

吃快点儿！你总是迟到！快点儿吧！

吃完还要收拾，所以我6点半就把盘子撤了哦！

你要是在5分钟以内能吃完的话，可就帮了妈妈大忙了！

快点儿！不漱口、不洗手就不能吃零食！

回家先洗手、漱口，然后就能慢慢吃零食了！

像这样稍微改变一下说话方式，气氛就会变得柔和很多。当人们处于快乐的氛围中，并且心情愉悦时，就连成年人也会产生“试试看吧”这样的想法。

所以，先在说话方式上下点儿功夫，观察一下孩子的反应吧！

尽量减少禁止语与命令语的使用

虽然不是完全不能说，但在日常生活中，家长还是应该尽量减少禁止语的使用，并少用命令的口吻发出指示。

在公园里，我们经常能听到一些小孩的妈妈说“不行”“不可以”这样的禁止语。

“不可以！要借给小朋友！”

“不能打人啊！”

“啊呀，不行不行！手这么脏不能摸！”

“不能去那边啊！”

如果所有行动都被“限制”，那孩子就会逐渐失去动力，变得不想再去尝试了。不仅如此，这甚至可能引起孩子的反抗，让他变得不听话了……试想一下，如果是你一次又一次地被丈夫（妻子）、上司或者父母否定，那你的心情会是什么样的呢？

当然，和“快点儿”一样，即使不用“不行”这样的词语，也可以表达家长的意愿。

不把玩具借给小朋友可不行啊！

能把玩具借给小朋友吗？

不许那么说话！

说话要文明哦。

妈妈觉得这么说比较好呢。

不能在走廊里跑！

知道跑来跑去会有什么后果吗？

在走廊里要慢慢走哦。

这样的说法，不但会令讲话者心情愉悦，对于听话者来说，也比“不行”要容易接受。

事实上，没有哪个孩子是从一开始就叛逆的。

那些叛逆的孩子身边，往往都有着一个爱用指示语、命令语、禁止语，实行高压政策的成年人。

因此，不要居高临下地对孩子发出指示、命令或禁止，而是将孩子当作你重要的朋友去交谈。相信你们之间很快就会出现好的变化。

父母的担心或不安会限制孩子的发展

为人父母者，为孩子的事情操心是再正常不过的了。我也是如此。

让家长完全不操心实在太难，所以这里我建议大家“尽量少管”。这也是一种训练。

孩子对父母内心状态的感觉是很敏锐的，他们能够很容易感受到父母的不安以及担心。

如果想尽量发挥出孩子的潜能，就要对他有充分的信任。不，确切地说是要坚信。

“这个孩子没问题的。每个人的‘勇气’（战胜困难的能力）都是天生的。”

即便没有根据也请这么看孩子。

希望大家时刻都能意识到，孩子是有无限潜能的。而且，只要父母用的方法正确，这个潜能还能被提高。

当然，我也不是一开始就这么想，也是在做妈妈和老师的过程中一点点积累经验，渐渐明白道理，逐步做到的。

都说孩子是父母的镜子。我认为，一个班的孩子同样是老师的镜子。我切身体会到，孩子们的状态，能够很好地反映出老师的内心。

打个比方，我做老师的时候，如果有一阵自己总是慌慌张张的，班里的孩子也会毫无缘由地变得浮躁，打架事件也会频发。还有，如果我担心一个孩子，即便只是想想“这孩子没问题吧”“报告能成功吧”，那么这个孩子就会表现出扭捏，甚至不知为何会感到不安。

相反，如果我改变想法，相信“这些孩子一定都没问题”，那班中的氛围就会变得很好。

对孩子要信任，这一点我也是在不断的摸索与失败中体会出来的。当你能够真正发自内心地信任孩子时，你就能感受到孩子在一天天显著地成长。

同时，当你相信孩子存在无限潜能时，你的担心就会自然而然地减少了。

信任孩子并给他时间，是助他萌生“勇气之芽”的肥料

信任与等待，是能够激发孩子潜能，促使其萌生“勇气之芽”的肥料。但是，这里所说的“等待”，对成年人来说可谓一种修行。

成年人比孩子经验丰富，所以在一般情况下，做什么事情都要比孩子知道“更好的方法”。为了不让孩子碰壁，父母总会不经意地将自己的答案告诉孩子，甚至会替孩子去做一些事情。但实际上，这样做反而剥夺了孩子学习自立的机会。

与此同时，有些母亲会说：“我明明做到相信孩子，并且没有插手了，但他的做法往往还是不能如我所愿。”其实，这样的母亲只是表面做出一副信任孩子的样子，并没有把内心的不安说出口。

母子连心。父母与孩子在内心深处（潜意识、无意识）确实是相连的，所以即便不说出口，孩子也能感受到父母内心深处的真实想法。

只有在父母真正放松，并对孩子充分信任的情况下，孩子的无限潜能才会被源源不断地激发出来。

相信

指孩子已经能够做到，你相信他能做得更好（有根据的信任）。

信赖

指孩子现在虽然没能做到，但你相信他一定能够做到（没有根据的信任）。

孩子是花的种子，每一朵都有自己的花期

大家听好，你们每个人都是一朵独一无二的小花。

你们现在就像种子一样，花的所有信息都包含在这颗种子里。

花的颜色、样子、何时发芽、何时开花……

这些都是已经设定好的。

所以不要急，慢慢地，按照自己的节奏，去绽放自己吧。

不要拿自己和别人做比较，

就像把向日葵、百合、蒲公英和紫丁香做比较一样，

大家都不一样，完全没法比，对不对？

每个人都有自己的优点，

只要能发挥出来就好！

我在做老师的时候，曾经这样和孩子们说。

现在，我们眼前的孩子正处于“进行时”，而非“完成时”。

所以，即使有做不到的事情，或有不擅长的事情，也没关系。

就像种子萌芽、抽叶、开花一样，一切都是水到渠成的。所以，要鼓励孩子“一定能逐渐做到”“一定会越做越好的”。

不要过于担心，给予孩子充分的信任吧！

育儿目标

相信每个人从小到大都为自己设立过目标，但你是否有“育儿目标”呢？

我的育儿目标只有一个，即让孩子成为一个有独立思想、有执行力并且有担当的成年人。简而言之，就是孩子能够“自立”。

能否做到自己的事情自己做，这不但会影响一个人的学习能力，对他将来的生活是否能幸福，也起着非常重要的作用。

想让孩子做到自立，要注意以下3个方面：

① 让孩子自己做决定；

② 规矩要和孩子商量后一起制定；

③ 事情结束后让孩子说出体会（让孩子学会为自己的行为负责）。

下面让我们逐条分析。

首先，关于“①让孩子自己做决定”，我们以“何时为第二天做准备”为例。

在成年人看来，为第二天做准备安排在回家后或是睡觉前比较合适。但对孩子来说，要让他自己决定适合他的时间段，并且重要的是，要让他按照决定去执行。

“自己决定的事一定要执行。”在这样不断反复中，孩子便能建立起自立的基础。即使孩子做不好，家长也没有必要生气。试着问问孩子：“好像不大顺利啊。你觉得下次怎么做会好点儿呢？”把失败转化为让孩子从中总结经验教训的机会，这也不失为一件好事。

如果孩子不能提出好的方案，母亲可以建议孩子“妈妈觉得可以这样”。但决定权还是在孩子手中，家长一定不要做出指示或者下命令。

其次，关于“②规矩要和孩子商量后一起制定”这一点，我们以“玩游戏的时间长短”为例进行说明。

与孩子商量“玩游戏的时间长短”的目的在于，以一个双方都能接受的方式来解决问题。因此，孩子与家长都要明确表达自己的意见，这样才能找到合适的解决方法。无论是孩子，还是家长，意见都是有价值的，不能主观认为家长的意见就是正确的，孩子的意见不成熟所以是错误的。另外，在表述想法的时候，一定要让孩子明确说出他的“理由”。这样可以培养孩子以“意见+理由”的形式来表达自己的习惯。

规矩制定后，如果执行起来不顺利，那只需要孩子与家长再次讨论，重新制定一个就好。但是，要想保证家长与孩子能够以平等的身份对话，就需要家长平时注意与孩子形成相互尊敬、相互信赖的关系。

最后，关于“③事情结束后让孩子说出体会”，我们以“打扫凌乱的房间”为例。

家长一旦与孩子制定了“自己的房间自己打扫”这样的规矩，就要严格执行。无论孩子的房间乱到什么程度，都要让孩子自己整理。如果妈妈看不过去，一边说着“真拿你没办法啊……”一边帮孩子整理房间，就会让孩子形成“反正妈妈最后都会帮我的”这样的意识。所以，家长这时需要的不仅是对孩子的信任，同时还有忍耐。当然，家长和孩子一起整理也是可以的，重点是过程要“愉快”。

在现实生活中，为孩子收拾整理的问题而头疼的妈妈是很常见的。但是，如果冷静地分析一下就会发现，出现这种情况有时是由于妈妈对孩子的要求过高，有时是由于妈妈过于啰唆而产生了反效果。如果妈妈一直催促孩子去整理房间，那对孩子来说整理房间这件事本身就会成为一件让人讨厌的事（令人不开心的事）。而实际上，让孩子体会到“整理房间是件愉快的事”“整理完找东西方便多了”，让他多体验达成后的愉悦是极为重要的。

在孩子小时候，妈妈可以把孩子整理房间看作他在练习，只要达到了妈妈要求的60%，就应该给予他大大的鼓励。孩子在一次次完成任务，以及妈妈的鼓励下会越来越自信，整理房间自然也会做得越来越好了。

01

不管做什么总是拖拖拉拉，不紧不慢

一到游戏时间气氛就变得紧张

我儿子今年上小学五年级。前一阵，我和他商量后决定每天玩30分钟游戏，但他总不按约定执行，为此我经常对他发脾气。不按约定的次数多了，我有时就会失去理智，说出“不是说不许玩了吗”“看看都几点了”这样的话。我儿子也会对我发火，说我“烦人”或者“有完没完”。我不希望每天一到孩子玩游戏的时间，家里的气氛就变得紧张。请问有什么好的解决方法吗？

（小学五年级男孩的母亲）

Before 以前

你要玩到什么时候！

约定好的事情为什么做不到！

一点提示

通过发怒来令对方停止做某事，
就会形成不发怒对方就不停止的恶性循环。

和孩子一起立规矩

我在和众多小学生家长的谈话中发现，很多人都在为孩子玩游戏这件事发愁。其实，游戏原本就是为了让孩子着迷（不愿意停下来），才想方设法做得有趣的，所以让孩子一到规定的时间就停下的确有困难。因此，在立规矩之前，先和孩子一起分析为何要对玩游戏的时间做一个限制是十分重要的。比如,时间长对眼睛不好，会占用学习或做其他事情的时间等。在这之后，再通过与孩子的沟通，共同规定一个双方都可接受的时间。需要注意的是，家长一定不要将自己的意愿强加给孩子，要和孩子保持平等的关系，让沟通在很平和的气氛中进行。

另外，家长不能只在孩子没遵守时间时提醒孩子注意，更应该看到孩子好的表现。当孩子按规定遵守时间时，家长一定要对孩子给予鼓励。

After 之后

马上就要到时间了。

看看表吧。

玩游戏不能遵守时间 这时可以这么做~

你要玩到什么时候！再玩把手机给你扔了啊！

和你说了好几遍了，还停不下来啊。
我们可是规定好了，不能遵守时间的话，3天不能玩游戏哦。

➩ 在和孩子商量玩游戏的时长时，也要商量不能按要求执行时的处理方法。但这个处理方法不可以由父母单方面决定。

做准备时磨磨蹭蹭，出门时慢慢腾腾 还没好吗？急死人了！

快点儿！你总是这么慢。

动作能稍微快一些吗？
这样别人会着急的。

➩ 告诉孩子："早点儿开始准备就不用这么匆忙了，也不会给别人添麻烦。"注意语气要平和。另外，"总是这么慢"也许只是父母的主观臆断。客观地想一下，孩子真的每次都会慢吗？千万不要随便给孩子贴标签！

吃饭太慢 不论等多久都吃不完……

快点儿吃！

到×点能吃完饭吗？
希望你在×点之前能吃完。

➩ 让孩子来决定时间。如果父母有安排（需要收拾桌子）的话，可以向孩子提出建议。对于超时做何种处理也要提前和孩子商量好。

回家的时间比约定的晚了太多　　不知道父母会担心吗！

怎么这么晚！干什么去了！

有点儿晚了，爸妈很担心你。
以后再回来晚，打个电话行吗？

➪ 不要单方面地把孩子晚归认定为坏事，要听听孩子的理由，并对今后遇到同样情况时的处理方式提出建议。在孩子叙述理由时不要责备他，但要让他知道晚归会让父母担心。

已到睡觉时间却迟迟不肯去睡　　明天又该不起床了……
（针对小学低年级的孩子）

快点儿睡！看看都几点了！

到睡觉时间了。
准备、准备，进屋吧。

➪ 成年人与孩子对“快点儿”的理解是不同的。因此，表达时要用具体的时间，比如“准备一下，我们9点上床”或者“还有5分钟”。如果是小孩子，父母可以和他一起画个时钟贴起来。这样做孩子也会很开心的。

用孩子可以理解的语言替换“快点儿”

给出具体的时间

例：7点5分以前能吃完吗？

例：1分钟能换好衣服吗？预备——开始！

倒数计时

例：15秒内能把桌子周围收拾干净吗？

→如果做到了要给予鼓励，“这么快就能收拾这么干净啊”。

例：再数30个数就结束这个游戏吧。

→气氛要保持活跃，如果做到了要给予鼓励。

通过游戏要素来表示时间

例：（放音乐）在这首曲子结束之前把房间打扫干净吧！

丢三落四

和孩子一起收拾书包这种事要做到何时为止啊

我有一个小学三年级的女儿。老师说她上学总会忘带东西，所以我老是提醒她注意，但情况却不见好转。现在，老师要求我和孩子一起收拾书包，但孩子已经上三年级了，如果父母总是检查孩子的物品，我认为对孩子也不好。你有什么好方法吗？

（小学三年级女孩的母亲）

Before 以前

你能用心做准备吗！

你总是丢三落四！

一点提示

孩子的自立需要父母的支持。
通过一步步的练习，
让孩子获得勇气。

在一段时间内和孩子一起确认是可行的

我们育儿的目标，就是要把孩子培养成一个有能力解决问题的人，也就是能够“自立”。因此，孩子还小的时候，从需要借助妈妈的帮助，到能够逐渐自己的事情自己做，这一个过程可以看成孩子的练习阶段。妈妈可以根据孩子不同的发展阶段以及性格特点，逐渐将自己的角色由帮手转变为支持者（参照136页）。如果孩子丢三落四，那么在一段时间内，母亲可以在孩子收拾好书包后和孩子一起进行确认。如果发现有遗忘的东西也不要对孩子发脾气，如果孩子做得很好要及时给予鼓励，“今天的准备工作完成得很好”。“总是忘带东西是件很让人头疼的事情，所以我们要通过练习，慢慢变得不会忘带东西，好不好？妈妈永远支持你。”像这样，通过温柔的话语，调动孩子的积极性，让孩子也主动行动起来。

After 之后

明天的东西准备好了吗？

妈妈和你一起确认一下好不好？

说了让他晚上把东西准备好，结果还是忘了

明明已经提醒了！

都是因为你晚上不准备好，真是的！

早上时间紧张，你也是手忙脚乱的吧？
如果把准备时间放在晚上，你觉得怎么样？

➪如果出了问题，要和孩子确认问题出在哪里，并提出家长的建议。但要记住，最重要的是让孩子自己做决定。如果家长只是要求孩子“在晚上把东西准备好”，那孩子就只会单纯地依照父母的要求去执行，而不是经过自己思考后做出的行动，所以很难持续下去。

孩子没有带给我需要家长确认是否出席的通知

接到老师的电话，就不免急躁起来！

今天老师给我来电话了！我可被老师训了啊！

老师说你没把通知交回去，你这样妈妈很为难。我们一起想个办法，以后尽量减少这种情况吧。

➪首先要和孩子确认有没有忘带东西，并问一问孩子没有交通知会给什么人带来什么样的麻烦。如果确实给他人带来了困扰，让孩子思考如何避免此类事情再次发生。

家庭中需要“老师”吗

父母由于比孩子年长，而且有经验，所以经常会不自觉地以居高临下的姿态指示孩子“这样做，那样做”。但在阿德勒心理学中，父母与子女（人与人之间）无论任何时候都应该是“平等的关系”。我们可以把父母当作孩子的“后援团”。家庭生活其实是不需要“老师”这个角色的。如果父母能够真正成为孩子的“后援团”，那孩子的能力就会得到提升。如果在任何情况下都能让孩子感受到父母的支持，让孩子感受到温暖，那这样的亲子关系就可以说是十分理想了。

第二天要用的东西
前一天晚上才告诉我

现在才和我说有什么用……

为什么现在才和我说啊！我不管！

突然告诉我，我也很为难啊！

如果家里有：家里应该有，找找看吧（可以和孩子一起找）。
如果家里没有：只能出去买了。不过仅此一次哦（如果这样说了，那下次再出现同样的情况一定不要去买）。

家里没有啊，现在也没法出去买了。

➪要让孩子知道，突然被告知这种事会让人很发愁，而且不是马上就可以准备好的。并且，要和孩子说好，有需要准备的东西时，要在什么时候告诉父母，说清是否需要父母帮助准备。

小妙招

怎么做才能减少丢三落四

孩子不管到什么时候都会丢三落四。所以，与其提醒孩子，不如想一个让孩子不落东西的方法。这个方法的重点就在于“让孩子自己做决定，在过程中感受乐趣”。

1.决定做准备的时间

决定好是一回家，还是做完作业、吃晚饭前、洗澡前、睡觉前，或是早上做准备。只要决定好时间，父母提醒孩子就更容易被接受。

2.制作整理单

可以用画纸，也可以用白板制作一个整理单。只要孩子能自己看着做准备的，就可以。

如果是白板，可以根据学期变换修改需要准备的教材以及上课（游泳课，写字课等）需要的东西，因此推荐使用白板。

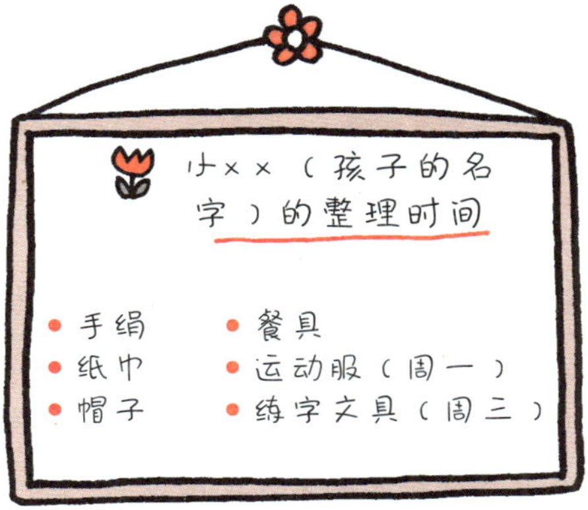

3. 制作一个父母与孩子的交换箱

如果只是通知等纸类物品的交换，也可以用信封代替交换箱。

4. 孩子没有忘带东西的时候父母要有所表示

当孩子没有忘带东西的时候，家长要对孩子说：“没忘带东西，真的很让人安心。”或是：“今天准备得很充分啊！”让孩子更切实地体会到不忘带东西时的安心感，以及不用紧张不安的感觉。

03

如何对待孩子的失败

女儿在帮忙时把我心爱的杯子打碎了……

前几天，孩子说要帮我洗碗，我就交给她去做了。当我还在担心她是否能做到的时候，果然，她把一个杯子打碎了。那是一个对我来说很重要，也特别喜欢的马克杯，所以当时很愤怒……我大声说了些会伤害孩子的话："你干什么呢！我平时拿它都小心翼翼地……你别洗了！"我现在回想起来也认识到自己错了，但当时头脑一热……我还在反省。

（小学二年级女孩的母亲）

Before 以前

你干什么呢！我平时拿它都小心翼翼地……你别洗了！

一点提示

相比打破杯子这件事，家长更应该关注
孩子帮忙做家务的行为！

妈妈的失败也是孩子的成功之母

重要的杯子被摔碎了，的确会很受打击……一时会变得情绪化也可以理解。就像这位妈妈说的，如果已经对孩子发了脾气，那就在发过脾气之后，试着这样对孩子说：“那是对妈妈来说很重要的杯子，所以一时没忍住发了脾气。对不起。你能帮妈妈做家务，妈妈其实是很开心的。”

虽然妈妈受了打击，但孩子同样受了打击。“吓了一跳吧？”如果妈妈能这样理解孩子的感受，那孩子也会感受到妈妈是理解、支持自己的，并从中体会到来自妈妈的爱。这样的话，孩子下次再帮忙的时候就会多加注意了。

母亲的失败也是孩子的成功之母。所以，和孩子一起在失败中吸取教训，一起成长吧！

After 之后

没事吧？没伤到吧？

一定吓了一跳。

咱们一起收拾吧。

孩子把游戏的磁盘弄丢了

都是因为你不爱护东西！

都是因为你总是把东西乱放才会弄丢的！
以后不给你买了！

你把妈妈特意给你买的游戏磁盘弄丢了，妈妈好伤心。
让我们一起想一想，怎么才能不弄丢，好不好？

➩ 让这件事成为一个学习基本整理方法的机会，让孩子学会将用完的东西放回原处。

偷偷把朋友的东西放在兜里带回了家

为什么要这么做啊？！

为什么擅自拿回来！真让人不敢相信！！

不能把别人的东西擅自拿回家！
你这么做，是不是有你自己的理由呢？告诉我好吗？

➩ 首先，要坚定且简短地对孩子进行批评，让他知道坏事就是坏事。之后，向孩子询问发生了什么，目的是让他感受到父母对他的担心。如果父母武断地下了结论，或是盘问孩子，那他反而不会说出自己的真实想法了。

能去厕所的时候不去，想起来要去的时候已经憋不住了……

什么？刚才问你的时候为什么不去？

不是和你说过想上厕所要早说吗！真是的！

以后出门前一定要上个厕所。

➩ 为了让孩子从失败中吸取教训，并能够运用在今后的生活中，要和孩子约好出门前一定要在家先上个厕所。如果孩子还小，出门前父母可以提醒孩子“上过厕所了吗”。

看图书馆的书看入迷了，不自觉地用笔做了标记

这可是公共物品……
这下麻烦了！

用笔写上不就擦不掉了吗！
你想干什么啊！快道歉！

看得太入迷，一不留神就画上线了，是吧？
既然已经这样了，那也没办法，以后要多注意。这次要怎么解决呢？

➪ 如果孩子自己本身已经有了“呀，犯错误了……”这样的想法，那就不要再责怪孩子了。可以让他想一想解决方法。父母可以向孩子提出建议，但最终的决定权还是在孩子的手中。

尽情地失败吧

“尽情地失败吧！”

我做老师时，常常和孩子们这么说。如果能够从失败中学到东西，那就不存在失败。失败是成功的参照物。失败是成功之母。失败是做出尝试的证明……

比如第74页中谈到的例子，女儿之所以会摔碎马克杯，是因为帮助妈妈做家务，属于要尝试一件事才有的失败。如果什么都不尝试，也就谈不上什么失败了。因此，孩子遇到失败的时候，对父母来说正是个鼓励孩子的机会！如果不停地训斥孩子，那他可能就会想“我以后再也不帮忙了”。相反，如果在批评之后能够试着去理解孩子的心情，那就能让孩子感到为家庭做贡献是件很棒的事情，以后还会想给父母做帮手。因此，孩子失败后父母的处理方法是十分重要的。

04

从不帮忙做家务

决定好的事希望孩子能照做，结果……

我想让孩子帮忙做家务，所以对家务进行了分工。上小学四年级的大儿子负责加热洗澡水和清洁浴缸，但他总是用麻烦、太忙、累了等各种各样的借口来推却。因为是已经定好的事情，所以我希望他能够按约定去执行，便反复提醒他“自己的工作要自己完成啊，快点儿去”。但我越这么说，孩子越不听……要我怎样做孩子才能帮忙做家务呢？能给个建议吗？

（小学四年级男孩的母亲）

Before 以前

快点儿去把澡盆洗干净！

一点提示

要通过鼓励的方式让孩子感受到对家庭做了贡献。如果持续好几天都没有完成约定好的该做的家务，那就需要和孩子坐下来谈谈了。

持续帮父母做家务能提升孩子的自信

孩子作为家庭的一员，参与做家务是件很重要的事。但给孩子分配任务时有一点要注意，那就是“不勉强并能持续下去”。虽然可能只是一些简单的家务，但如果能够坚持做下去（成功体验的积累），就能够让孩子从中获得自信。而让孩子感受到自己为家庭做出了贡献，是十分重要的。如果强制孩子做家务，那他充其量也只是单纯地完成任务，但我们要的并不是这样的结果，而是向孩子传达“谢谢，总是这么给力”“妈妈好开心”这样的信息。另外，不要只在孩子完成家务后给予鼓励，在他准备做和做的过程中也要鼓励他，例如“你这是准备要做家务了啊，谢谢”“挺不好擦的吧？谢谢！你可帮大忙了”，等等。如果孩子连续几次都没有完成家务，那就要好好和孩子聊一聊，寻找解决方法。如果孩子真的很不想打扫卫生间的卫生，那可以给他换另外一项家务。

After 之后

你能帮忙打扫卫生间的卫生，真的帮了大忙了。

交代的事情兄弟俩互相推诿

与其看你们吵架，
还不如我自己做得快！

好了好了，以后也不让你们做了！

你们可以一起做啊。
你们也可以轮流做。
你们自己做决定好吗？

➩ 在交代孩子做某件事时，应加一句：“可以做××吗？如果做不了就告诉妈妈。”

每次让他做事情都一脸不情愿

我也是太忙了才找他
帮忙的啊……

不愿意就算了！

什么时候可以帮帮我呢？
（你有时间吗？）

➩ 要记住，孩子也有自己的安排。可能他正在做作业，也可能刚要休息；可能是累了想放松一下心情，也可能是正在和朋友玩。所以，孩子并不是任何时候都会对父母言听计从。遇到这种情况，父母要用拜托的口吻与孩子商量，给孩子一个选择的机会。让孩子可以选择马上做，或是一会儿再做，甚至拒绝。给孩子选择的机会，能够让孩子感受到“妈妈是很重视我的”。

让孩子帮忙的小要点

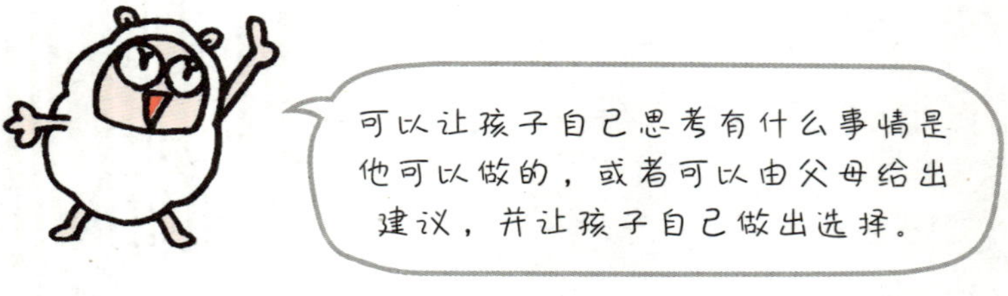

让孩子帮忙，她却说“每次都是我，为什么妹妹总是什么也不做”

明明一直都很靠得住啊……

你又没事做，帮个忙怎么了！

因为姐姐每次都做得特别好，所以可能很多事就不自觉地想找你帮忙，对不起啊。
现在可以帮妈妈个忙吗？

➪每当有事需要做时，家长最先找的一般都会是家中办事牢靠的年长的孩子，但从孩子的角度出发，这样的确有失公平。因此，要告诉孩子这件事除了姐姐（哥哥）其他人都办不了，并感谢孩子所做的贡献。

明明浇花的任务已经拜托给他，结果他好像忘了，花都枯萎了

好失望……

你这样怎么行啊！这么重要的花，你要怎么补偿？

花都枯萎了呢。这些花很重要，所以妈妈很伤心。你觉得以后要怎样做才不会忘记浇花呢？

➪不要指责孩子的失败，因为指责会让孩子以后不再想做这件事情。告诉孩子，任何人都有失败的时候，并和他一起找出避免此类事情再次发生的方法。

做家务是否应该有回报

一部分人的观点是，“作为家庭一员，分担家务是理所应当的事，所以用给零花钱的方式让孩子做家务恐怕有些……”。同时，还有一部分人会根据劳动内容的不同给孩子相应的零花钱，因为他们认为让孩子将帮忙做家务当作工作是一种很好的方式。其实，在培养孩子上，这两种方法并无对错之分，只要在教育方针上夫妻双方能够达成一致即可。

有些毛病、有些瞬间，真让人担心啊……

总是迟迟不去洗澡

我的儿子上小学一年级，不知是不是因为讨厌洗澡，他从不肯主动去洗。每次不是说“好麻烦”，就是说“再等一会”……总是拖拖拉拉的。而我也经常忍不住会唠叨他，“你准备拖到什么时候”或是让他“快点儿去洗”。

因为我白天要上班，晚上还有很多事情要做，所以希望孩子能早点儿睡觉，无意间就会催促孩子。有什么好的解决方法吗？

（小学一年级男孩的母亲）

Before 以前

快点儿去洗澡！

一点提示

要告诉孩子妈妈的困扰，并和孩子一起商量一个合适的晚间安排。

不要使用高压的说话方式

我相信对很多忙碌的妈妈来说，到了晚上，每件事都能够按时间有序进行是最好了。因此，如果遇到孩子磨磨蹭蹭一直看电视或者打游戏，而不去洗澡，就会忍不住居高临下地说："快点儿去！""看看时间！"如果孩子已经上了小学的高年级，在这种情况下他可能就会顶嘴："烦死了！""我知道啊！"孩子是父母的镜子，当孩子出现这种反抗的时候，父母就要反省一下自己的说话方式了。家长一定要重视从平时就和孩子建立一种能够平等对话的关系。当孩子不去洗澡时，你就可以坦率地告诉他："你总是不去洗澡，妈妈的计划就不能往下进行，很头疼啊。"或者可以给孩子一个时间段，让他在这个时间内去洗澡，例如可以建议他"7点到7点半之间去洗澡可以吗"。

After 之后

7点了。

能去洗澡了吗？

马上就到洗澡的时间了。

一提醒孩子，他就会生气 语气还特别不好！

你那是什么说话方式！

……（无视他）

如果家长给孩子贴标签（你不行，等等）或是以居高临下的态度对待孩子，就容易引起孩子的反抗。因此，平时就要有意识地从“平等的角度”与孩子沟通。另外，站在孩子的立场去理解他们的感受也是十分重要的。

打招呼的声音总是太小 希望他每次都能大大方方、精精神神地……

自己再多主动和人打打招呼不好吗？

虽然声音小了点儿，但你已经能够和人打招呼了！
如果声音不大的话，别人可能听不到。
下次把声音再放大一点儿好不好？

不要把声音小定义为一件坏事，而要更多地把注意力放在孩子已经在努力地和别人打招呼了，虽然声音可能有些小。父母只需在一旁协助孩子慢慢适应这个过程就好。

不和邻居或朋友的家人打招呼 太没面子了……

都多大了，好歹和人打个招呼吧！

和人见了面要打招呼。
这是很重要的礼节。

父母可以问问孩子不打招呼的原因。如果是因为害羞，就和孩子表示有同感，“确实有点儿不好意思”，同时告诉孩子“和人打招呼是一种礼仪，是很重要的”，让孩子理解问候的重要性。

如果不能如他所愿（想要的东西不给他买）就会闹别扭

又任性！真麻烦……

那给你买个小的吧。

今天不能买。

➪出门购物前，一定要和孩子约定好“今天什么都不买”。还可以告诉孩子，“如果不能遵守约定，以后就不带你出去买东西了”。

“反正我也……”
会说这样悲观的话

这么年轻说什么呢！

怎么会？再努努力啊！

这样啊，原来你这么想啊。
妈妈可不这么认为。

➪根据孩子的情况去帮助他，让他感到父母无论何时都是站在他这边的，都会支持他。

太挑食

这个不吃，那个不喜欢……

你这样会长不高的！

我们来练习一下，慢慢接受不爱吃的东西吧。

➪先问问孩子为什么不爱吃，然后认同他的感受，“那确实挺讨厌的”。家长可以从营养的角度对孩子讲，食物中有成长所必需的营养素，并告诉他妈妈希望他能吃掉。另外，父母可以把食物做成方便孩子吃的形态，比如尽量切细一些，并告诉孩子父母会支持他，和他一起努力克服挑食。

小妙招

有什么办法能让孩子变得擅长整理物品呢

“又弄这么乱……快收拾一下！！！”

这句话很多父母都会不自觉地脱口而出吧？

妈妈的烦心事很多都与孩子的卫生习惯相关。而孩子整理不好物品的主要原因大致有以下3点。

①东西过多；

②所需的条件不具备（流程没有计划好，或是没有可以放置物品的容器等）；

③不知道该如何整理。

1.东西过多的时候

那些已经很旧不会再使用的东西或是已经坏掉的东西，以后也不准备再用的东西，都可以扔掉、送人，或换个方式回收利用。这里需要注意的是，处理什么东西要由孩子来决定。

当然，父母可以建议孩子“这个可能不需要了吧”，但最终还是要让孩子来做决定。由自己的意愿来决定“要或不要”是一个需要勇气的过程。另外，孩子还需要在内心设定一个标准来判断哪些物品是需要处理的。

“要与不要”是一个选择的过程。而生活就是在不断选择。比如，今天要做些什么，去哪家店买东西，这些每天发生的小事都涉及选择的过程。另外，有时还会面临一些影响个人人生方向的重大抉择，例如升学、就职、结婚等。除此之外，孩子还应该能够辨别每天听到的消息中有哪些是自己需要的。能够辨别事物对自己是否有用，是每个人生存必备的一种能力。

处理东西的时候，要抱有“谢谢你陪我这么久”的心态

当遇到无法马上判断是“要”还是“不要”的时候，可以尝试制作一个“暂存箱”，把这类物品放进去，并和孩子约定一个期限，例如3个月不用的话就处理掉。

2.所需的条件不具备

有时，孩子可能是想整理的，但由于收纳的空间过于狭小，或者物品无处摆放，所以不知要如何下手。遇到这种情况，父母首先要给孩子创造一个良好的环境。

例如，可以把抽屉分成若干小格，这样一来，孩子就可以把笔、胶水、剪刀等分别放进不同的小格，用的时候也会很方便。但是，如果格子的数量过多，也会变得乱七八糟，所以应在需要的范围内把数量控制在最少。

父母如果能够带孩子去十元店或者杂货店，和孩子一起挑选收纳箱，也不失为一个好主意。

另外，还可以试着在抽屉上贴上标签，或者利用零食的空盒子制作一些可爱的装饰，想办法让整理物品这件事变得有趣起来。重点是要让孩子在这个过程中感到“开心”。毕竟不开心的事情是无法让人有想去做的欲望的。而为了让孩子能够心情愉悦地去整理，妈妈的鼓励也是必不可少的。

✕ 打扫卫生=讨厌的事（不开心的事）：
一边被妈妈训一边做

○ 打扫卫生=整理干净后觉得好舒服！整理好啦！完成啦（有成就感，会感到愉快）：
妈妈会给我鼓励

3.不知道要如何整理的时候

首先，不要一开始就让孩子自己做，最好是由妈妈带着，让孩子感受整理物品的乐趣。这个时候，妈妈可以将自己的经验以及一些建议告诉孩子。在这之后，作为练习，妈妈可以和孩子一起整理冰箱或卧室。像冰箱这种有限的空间，妈妈一般会把物品放在固定的地方，并且是有一定的理由的。比如，常用的东西会放在靠前的地方等。孩子在知道如何做会更便利后，他自己整理物品的时候就会一边思考一边去做。

另外，让孩子体会整理完之后那种很清爽、很舒服的感觉，拿东西时不用再找来找去的便利，也是十分重要的。

我经常建议父母：“不要追求孩子能做到完美，试着把期望值降到父母期望的60%如何？”几乎没有哪个小孩子能把收拾整理做得像模像样，所以在孩子上小学高年级之前，可不可以把每次整理都看作一次练习（并非完成时，而是进行时）呢？不能马上学会也不要紧，一点点鼓励孩子，让他通过不断的练习来慢慢成长吧。

能够让孩子变得擅长整理物品的语言

孩子整理过程中	加把劲！
	越来越干净了！
	虽然不好整理，但你做得很棒。
	有什么妈妈可以帮忙的吗？
	这里整理得特别干净。那边也能整理好吗？
	再过×分钟就停一下吧？
	比以前整理得要好了。
	整理小达人啊。
	干净的状态比以前保持的时间长了。
整理干净了	一干净，心情都变得特别好了。
	整理干净是不是心情也好了？
	整理得好认真啊！
	你自己就做到了！
	今天宝贝特别努力地整理了东西，爸爸要看看吗？（让爸爸看一看）
	怎样才能保持这个状态呢？（用完马上物归原处等）
乱了	有一点儿乱了呢，要不要试着收拾一下？
	太乱了，妈妈心里不舒服呢。你能帮妈妈收拾一下吗？

让整理过程变得有趣的方法

制作一些小标签贴在相应的地方，让整理变得简单明了

让孩子自己制作一些小标签，贴在需要的地方，这样整理的时候就能很方便了。

制作一张房间的平面图，将整理完的部分涂上颜色

在图上写上日期，这样预定日期与实际完成日期便可一目了然，有利于提升孩子的成就感。另外，将不同地方整理的难易度标在图上，也是一种好方法。

为整理设定时间（可以是3分钟，也可以是5分钟）

就像刷牙、洗脸一样，为了让孩子养成习惯，可以将“睡前5分钟”或“洗澡前”设定为每天的整理时间。也可以尝试放一首音乐，将音乐结束前的一小段时间设定为整理时间，然后一家人都参与其中，这会让整理过程变得十分有乐趣！

“能做到一模一样吗？”

将整洁的状态（刚整理好的状态）拍成照片，贴在相应的位置。这样孩子就对整理完后应有的样子有了具体的概念，不再需要父母过多干涉。家长只需问问孩子“你能整理得和照片一样吗”就可以了。

第三章

与学习相关的话术

有让孩子远离学习困扰的话术吗

孩子要是能主动坐在书桌前……

孩子要能喜欢学习……

只要为人父母，相信都会有这样的想法。

实际上，这也是我在育儿讲座和咨询时常被问到的一个主题。

在我们寻找“能让孩子立即爱上学习的魔法咒语”之前，先说几点重要的事情。

事实上，所有的孩子都是爱学习的

“无论是什么样的孩子，其实他们都喜欢学习。”

如果我告诉那些因为孩子不爱学习而发愁的妈妈上面这句话，大多数妈妈都会大吃一惊。但这真的既不是鼓励也不是安慰，而是事实。因为“学习”的本质，其实就是“求知欲”，也就是“好奇心”。

没错，所有的孩子都是“好奇心极强”的。

所以基本上，无论是什么样的孩子，都具备爱学习所需的基本要素。只要能够将孩子对未知事物的“求知欲”与“开心”“我做到啦”“原来如此”“我还想做”这样的感觉很好地结合在一起，那孩子的成长将会出乎你的意料。

也就是说，只要父母的做法及说话的方式正确，那孩子的干劲和求知欲就会源源不断地被激发出来。

那么，如何才能刺激孩子的“好奇心”，点燃他内心求知的小火苗呢？

重点只有一个，那就是为了让孩子能感到学习是一件很有趣的事情，家长说话时要选择合适的语言，并为其创造一个良好的环境。

✕ 学习＝讨厌的事 · 痛苦的事 · 困难的事

不要使孩子对学习有负面的印象！

○ 学习＝开心 · 获得新知识后的喜悦 · 有趣

让孩子有干劲的“鼓励方式”

如果仔细观察那些不爱学习的孩子你就会发现，他们经常被否定，以至于受挫过多，从而失去了勇气。

比如，孩子经常被家长、老师教育“要好好学习”“为什么不会”或是被批评成绩不好等，被关注的点总是在他“没能完成”的事情上。

有很多妈妈都为孩子刷牙这件事操碎了心，因此以这件事为例，也许能让大家更容易理解总被否定会带来什么后果。事实上，孩子不喜欢的并非刷牙这件事，而是被妈妈强迫，一边刷还一边被说着“不刷牙可不行”的这种气氛。

学习也是如此。在被强迫的一瞬间，这件事就变成了一件“讨厌的事情”。

相反，只要是孩子觉得有趣的事情他自然就会积极地参与其中。

为孩子创造一个良好的学习气氛，是激发孩子学习动力的基础。当然，如果能够在与孩子的交流中融入一些小幽默，缓解一下孩子紧张的状态，那就再好不过了！

快乐、温馨的氛围，以及能够让孩子在放松状态下学习的安全感，对孩子来说是十分重要的。

创造这样的氛围，对孩子来说也是一种很重要的“鼓励”方式。

这样说可能有些不好理解。

那我们就想象一下下面的情景发生在自己身上，从而实际体验一下“鼓励”与“打击”吧！

例如，丈夫对你说：

“屋子怎么这么乱！你打扫了吗？”

或者

“太咸了！不是跟你说让你做淡点儿了吗！”

“孩子这么任性，都是因为你没好好教育！”

像这样总被否定，你的心情会怎样呢？

相反：

“谢谢你把家整理得这么干净。”

“谢谢你总能做出这么好吃的饭菜。要是能再稍微淡一点儿的话，就会更好吃。”

如果对方这样说，那听话者应该会很开心，至少不会有不愉快的感觉，对吧？

现在你明白了吗？对孩子不能一味地否定，而是要看到他的优点并给予肯定。孩子在听到鼓励的话语后，难道不会心情变好，想要更加努力吗？

为孩子创造能够安心学习的环境

对孩子来说，“学习场所”必须是一个能够令他真正安下心来的地方。

而要做到这点需要注意的是，让孩子感到这是一个“即使失败也能够被接受的场所”。

我做教师的时候就感到，有很多孩子都把失败看成一件坏事。并且，害怕失败还造成他们不敢表达自己的意见，没有勇气尝试新的事物，等等。

我曾经为中学生举行过一些关于“勇气”的演讲，在演讲后收到的感想回馈中，写下“我一直认为是不能失败的”这种句子的师生比我想象的要多得多。

因此，作为一名教师，我不断地告诉孩子们“失败”的意义，让他们了解“失败并不可怕”“人们都是在失败中成长起来的”。

同时，我还告诉孩子们绝对不可以嘲笑他人的失败。也就是说，我希望通过不断向孩子传达“教室是一个可以接纳错误的场所”这一信息，能够让孩子们在上课时处于一种很放松的状态。在家中也同样如此，希望父母能够善用语言，来给孩子创造一个这样的环境。

还要注意的一点是，让孩子感受到“这是一个可以让人完全放松的场所”。要做到这一点其实非常简单，你今天就可以试一试。

举个例子，当孩子开始做作业的时候，妈妈就可以坐在书桌旁看书……也就是说，只要陪伴在孩子身边即可。当然，如果能够再给孩子一些鼓励，那就更好了。

例如：“写作业呢，妈妈要表扬一下！要是有什么不会的地方可以问妈妈。”

“在写数学作业啊，每天都好用功。”

如果能像这样鼓励孩子，那效果将会更好。

为什么如此简单、单纯的事情，能够给孩子带来如此好的影响呢？那是因为：

“做作业能让妈妈关注我！”

“妈妈会给我加油！”

“妈妈会在身边陪着我！”

孩子能够从这些感受中获得安全感（愉悦的心情）。

虽说已经上了小学，但对这个年龄段的孩子来说，得到妈妈的关注依然是一件十分高兴并能从中获得安全感的事情。

把“自信”作为礼物送给孩子

前面我们通过几个例子，说明了“鼓励孩子，就是要对孩子的优点多给予表扬”。但一些家长还是免不了会说：“我的孩子如果不说他，他就不会去做。”

其实，家长有这样的想法，或是说出这样的话，就是因为“我的孩子必须督促才会行动”。也就是说，他们的潜意识已经给自己的孩子扣上了“不行”“做不到”的帽子。

如果家长一直抱着这样的想法与孩子接触，会出现什么样的结果呢？

就像我在“第一章”中写到的，父母经常向孩子发火，批评孩子的缺点，就相当于在暗示孩子“你不行”“你没有能力”。

那么，如果我们改变一下思路，多说一些能让孩子感到“我是有能力的，我能做到”这样的话又会如何呢？

比如，当孩子遇到一个难题时，父母可以这样说：

“确实挺难的。但如果一步步慢慢处理，一定可以解决！”

“你一定能做到！妈妈相信你！”

受到鼓励的孩子，内心深处也会受到妈妈语言的感染，从而真的向妈妈所期望的方向发展。

一个人的潜意识可以影响他今后的发展方向。

而孩子在内心深处对自己有什么样的认识，很大程度上取决于他身边的成年人与他交流时所使用的语言。

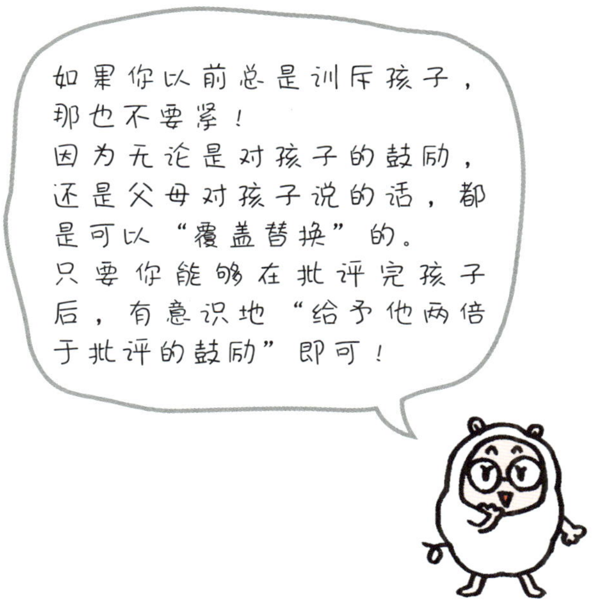

01

无论学习还是写作业，总拖拖拉拉的

只要一想到孩子如果一直这样不爱学习，我就免不了会担心他的将来……

我的儿子上小学四年级。他每次放学回家总是马上又跑出去玩，直到快睡觉了才去写作业。虽然他每次一从学校回家我就督促他“快去把作业做完”，但他从来不听。所以，现在几乎一看见他，我都会条件反射似的问“作业做完了吗”，或是让他“快去学习”。

我自己也明白这些话说多了不好，可每次只要一想到他这么不爱学习，就免不了担心他的将来……

（小学四年级男孩的母亲）

Before 以前

你要等到什么时候才开始写作业？

快点儿去！

一点提示

首先，父母要和孩子谈一谈！
试着让孩子从父母的角度看这个问题。

要相信孩子，并以“平等的身份”向孩子提出建议

孩子不学习，家长的确会担心。出于担心，家长又不免会变得啰唆。对此，我发自内心地表示理解！

为人父母，这是人之常情。但试想一下，如果自己在一个问题上被父母或他人一遍一遍地催促，是不是也会变得越来越不想去做呢？父母这样过多干预，其实相当于在一次次强化孩子心中“学习=讨厌的事”这一观点，所以首先还是要和孩子好好谈一谈。

作业其实就是孩子的“课题”（参照139页），因此“何时去做”要由孩子自己决定。定好时间后，父母就不要再过多干预，只要陪伴在孩子身边就好。当然，父母可以给孩子一些类似“妈妈认为早点儿把作业做完，后面就轻松了，你觉得呢”这样的建议。但一定要记住，不要居高临下地指责或训斥孩子，而是要信任他，以一种平等的姿态与他交流。

After 之后

你准备几点写作业呢？

早点儿做完早轻松。

不写作业就罚你！　巴掌与糖缺一不可。

不写作业就不能吃零食！

家里有零食，你想写作业之前吃，还是写完吃？
写完作业就可以×××（孩子喜欢的事）了。

➪不要用赏罚来控制孩子。

孩子好像没写作业　忍不住会变得啰唆……

写作业了吗？（语气很强硬）

▶今天有什么作业啊？
▶咱们一起写作业吧。
▶你准备几点写作业呢？

➪不要居高临下地命令孩子。无论是谁，被人居高临下地训斥后都会没了干劲。所以，要和孩子保持“平等的关系”，让他知道父母无论何时都会支持他。

沉迷游戏　你什么时候开始做作业？

你适可而止啊！

▶你准备几点开始做作业呢？
▶你准备玩到几点呢？

➪要让孩子决定时间。所以，还是先和孩子谈一谈，立个规矩吧。

沉迷游戏 要是没有游戏多好啊……

别玩游戏了！再玩给你扔掉！！

你好几次都没能遵守约定。
我们还是重新立个规矩吧。

➪ 父母不能单方面给孩子立规矩，或是对孩子进行惩罚，而是要和孩子商量后一同决定。如果定好的规矩孩子不能很好地执行，就需要重新商量是否对规矩做出修改。

到交作业前一天才开始着急 早干吗去了！

我是不是早就说过你！
跟你说过多少遍，让你早点儿做，你就是不听！

时间快不够了，着急了吧？
以后要怎么做才不会再出现这种情况呢？

➪ 不要指责孩子的过错，而是要让孩子自己思考，从这次失败中能获得什么经验和教训。

尽量少用命令的口吻

试想一下，如果你每天都被命令“菜做淡些”“卫生打扫得干净些”“把盘子端走”，等等，也会变得不想再干了吧？命令，是上级对下级使用的一种口吻。阿德勒心理学中所看重的，却是“平等的关系”。为了能与孩子建立一种良好的关系，做到相互尊重，相互信赖，就需要父母在说话方式上多下功夫。

02

写作业就是应付差事

看到孩子练字本上的字，我惊呆了……

前几天，我看了孩子的语文生字本，可把我惊呆了！字写得歪七扭八，根本谈不上什么横平竖直。有的字还会多一横，或是少一横……不知道是不是因为急着出去玩，本子里全是错，一看就让人感觉是在应付差事。为此我也说过他，但他根本听不进去，真让人发愁。

（小学三年级男孩的母亲）

Before 以前

字写得太乱了！

写认真一点儿！

一点提示

越否定孩子，

孩子就越会往不好的方向发展。

要一边肯定孩子，一边将父母的想法告诉他。

无论好坏，越是“受到关注的行为”就越会去做

孩子们都想早点儿去玩。保有孩子的天性是件好事，但应付作业确实是挺令人发愁的。虽然我们指出孩子缺点的目的是让他改正，但事实往往无法如愿。那是因为，人们会增加受到关注的行为。越是把关注点放在不好的行为上，这种行为反而会越来越多。所以，这种情况下才更应该去肯定孩子！

“是准备做完作业再去玩吧？太值得表扬了。妈妈知道你想快点儿去玩，但我还是希望你能安下心来把字写好。这样既不会出错，也能记住写的字。”

注意到他人的不足之处是几乎每个人都会有的、很自然的事情。但为了孩子的成长，家长还是应该尽量减少批评，多给予肯定。同时，家长可以温和地提出一些建议，例如“你试着这样做看看”。

After 之后

写完作业了啊。

自己主动做作业，必须表扬一下。

要是能静下心来把字写得再认真些就更好了。

不管说多少遍，字都依然写得很难看

也不知道像谁……

字写成这样，你长大以后会觉得丢人的。
你就不能写得认真些吗？

如果能再认真点儿写，会更容易看清。

对孩子说话要像对很重要的朋友一样。对重要的朋友，你一定不会严厉地批评他，对吧？

明明已经说过很多遍，可他那不认真的毛病就是不改

都不记得这是第几次说他了……

是不是已经和你说过很多遍，让你认真点儿？！

把速度放慢，再仔细一点儿如何？

孩子这样毛毛躁躁，也可能是因为所处的环境让他无法安下心来学习。所以，给孩子创造一个安静的学习环境，同时陪在孩子身边，让孩子能够真正地安下心来吧！

就是因为你写得太乱了，计算才会出错

多可惜啊……

我是不是跟你说过，写得太乱容易出错！

明明可以做对的，太可惜了。
你觉得怎么才能不再犯这样的错误呢？

让孩子自己思考解决问题的方法。妈妈只需在一旁辅助，支持孩子即可。

为了快点儿做完作业而抄答案　被发现在偷懒！

你为什么要看答案啊！
这样做作业不就没有任何意义了吗！

妈妈觉得还是不看答案比较好。
你觉得呢？

➩和孩子谈一谈，把妈妈的想法告诉他。妈妈的作用就是辅助及支持。

作业里错误随处可见　不知道他检查没有？

你这样不行啊！（错误太多了……）

有的地方做错了。
自己会改吗？

➩不要否定孩子。语气要温和。

学习是为了什么

我有时会在讲座等场合问大家“学习是为了什么”，可即便是成年人，也只有极少数的人能够马上回答出来。父母可以和孩子就“为何要学习，学得好对自己有什么好处”这一话题来进行探讨。比如，将来就业的路会拓宽，或是能够帮到其他人等，每个人肯定都有着不同的想法。也许孩子暂时对这个问题还没有自己的认识，但如果知道了“学习还有这样的好处啊”，那他再学习时的状态与之前只是单纯地被督促着去学习应该会不一样。

03

学习上遇到不会的地方就会闹别扭

明明我是好意教她，她却跟我发脾气……

孩子有道数学计算题不会做，我就帮她看了看，然后告诉她哪里应该怎么解。谁知道她竟跟我发起了脾气，态度还特别抵抗，说什么“我知道”“听不懂你讲的”。我明明是好心教给她，她的态度也让我产生了情绪，自然无法再继续教下去了。

（小学六年级女孩的母亲）

Before 以前

你干吗一脸不高兴！

我在给你讲，你好好听着！

一点提示

对孩子的情绪，家长一要有共鸣，
二还是要有共鸣！要在理解孩子情绪的同时，
表达对他的支持。

对孩子要始终贯彻理解与支持并重

父母在指导孩子的时候，双方都难免会要要小脾气，使使小性子，所以可能会不太顺利。其实，这种情况在每个家庭中都有可能出现。

当孩子遇到难题，为迟迟解决不了而发愁的时候，父母一定要去试着理解孩子的情绪。如果孩子向你发脾气，那就笑着去鼓励他："这道题确实挺难的。做不出来心里不舒服，对吧？不过没关系的，慢慢来，我们一步一步解。妈妈什么时候都是站在你这边的，妈妈相信你。"要记住，妈妈无论何时都应该是孩子后援团的团长！孩子如果能够感受到"妈妈是理解我的"，那他就会敞开心扉，态度也会变得谦虚起来。

After 之后

确实挺难的，不过没关系。

只要多练习，一定能够慢慢做到的！

给孩子检查作业发现了错误。但就算给他指出来，他也会说“我看不出哪儿错了”

那是你自己的作业好不好！

你自己稍微动动脑子可以吗！

我们一起看看吧。

➪要让孩子感受到妈妈在守护他，给他安全感。
父母如果经常发怒，孩子就容易焦虑，变得不听话了。

课外练习册从来不做

浪费钱啊……

要是一直这么攒着，还不如不买！

攒得越多就越不想做了。
有没有什么方法，可以有计划地解决这个问题呢？

➪和孩子一起考虑解决方法，拉近与孩子的距离。

明明说好了每天写一篇练习，
但就是遵守不了

又没有提过分的要求！

你没遵守约定！这不行啊！

你没按约定执行的原因是什么呢？
你认为怎么才能按约定执行呢？

➪不要责备孩子，提问的时候语气要温和。

一给他指出错误他就会闹别扭 （我说这些明明是为了他好……）

唉……（叹口气，只是为了做给孩子看）
所以你成绩才会不好的！（刻薄）

妈妈很担心你。

➩ 以“我”为主语，让孩子知道妈妈的担心。

作业总也做不好，孩子的情绪开始急躁 （我还着急呢！）

你就是因为太急躁才做不好的！
静下心来！

你是不是有什么不懂的地方？
要不要咱们一起做？

➩ 为了让孩子能够安下心来专心学习，父母需要从容不迫地去应对随时出现的问题。

注意力不集中

一边看电视一边写作业是不对的吧……

关于上小学三年的儿子，我想和你咨询一下。他每天放学回家都会马上做作业，但每次都要一边看电视一边写，所以效率特别低。我让他关掉电视，他就会说“等看完这个节目”，把时间往后拖。或者等我一离开，他就马上打开电视。虽然每次我都会很生气地让他“集中注意力”，但他每天依然我行我素，写作业磨磨蹭蹭的……你有什么好的方法吗？

（小学三年级男孩的母亲）

Before 以前

集中注意力！

一点提示

调整学习环境，和孩子一起商量
如何能够提高写作业的效率。

除了“绝对不许看”，还可以提提其他建议

儿子每天从学校回来，不用家长催促就会主动写作业！首先要在这一点上对孩子进行鼓励。比如，“每次从学校回来就马上写作业，必须表扬”。在这之后，妈妈再把想法告诉孩子：“但电视会分散你的注意力，作业写得就慢了。我觉得与其一边看一边慢悠悠地写，还不如集中注意力快点儿写完得好。你觉得呢？”还有一种可能性就是，孩子从学校回来，虽然他也想马上把作业写完，但他可能是真的累了（想休息一下），没有办法集中注意力。这个时候，父母可以建议孩子“回来先休息休息（看看电视换换心情），一会儿再做作业”。

After 之后

看你好像作业写得没什么进展啊，还好吗？

写完作业再看？或者看完再写作业？

明明正在学习还和我说话　这个话题和学习有关系吗？

别聊天了，快点儿写作业！

试着集中一下注意力。
一会儿我们再聊。

尽量不要用命令的口吻。

每次看他，他都在看漫画　这是很让我生气的一点！

你为什么总是在看漫画。
看漫画的时候注意力怎么就这么集中呢！（讽刺）

我们来定一个看漫画的时间怎么样？

不可以否定或是讽刺孩子。“妈妈是这么想的”，像这样提出建议是十分重要的。

光愣神，什么都不做　有这个时间还不如……

你要没学习就来帮我干活！
我很忙的。

怎么了？
有什么担心的事吗？

如果孩子看起来有心事似的，家长可以询问但不要盘问。如果是学习上遇到了困难，可以问问是哪里不会，需不需要家长教他等。

学习的时候总是摆弄笔袋中的文具

又走神了！

手别乱动！

你好像集中不了注意力啊，没事吧？
你能告诉我现在在学什么吗？

➩ 让孩子给你看看笔记本或练习册，并表示出对他的关心，“你在学这些啊”，也可以告诉孩子“有不会的可以问我”，以此来让孩子重新收回注意力，开始学习。

一件事还没做完，又跑去做另一件事，结果哪件都虎头蛇尾……

唉，太散漫了。

做完这件事再去做下一件！
每件事不都没做完吗！

先决定想做的事情的顺序，再开始。

➩ 事情的先后顺序要让孩子自己决定。

05

考卷发回来了……

怎么才能消除粗心、不认真造成的错误呢

我上小学四年级的女儿学习还算不错，但她由于粗心所犯的错误太多（明明会的题结果做错了），很少能够考到100分。我为此也责备过她，让她“再认真些，仔细去做”，或是问她“为什么会犯这么低级的错误”。她平时也经常丢三落四，字也写得很乱，东西也随手乱丢，实在让我头疼。我的工作很忙，很少能抽出时间好好和孩子聊天，所以希望你能够告诉我在和孩子对话的过程中要注意什么。

（小学四年级女孩的母亲）

Before 以前

为什么会一直犯同一个错误！

一点提示

要让孩子考虑如何能够避免
粗心造成的错误！

要让孩子在日常生活中的方方面面，锻炼沉稳的行动方式

在日常的生活中，孩子总是急急忙忙，一不留神就会丢三落四的情况经常发生吧？如果他对物品的管理以及在字的书写上都比较杂乱，那么最好在平时就多培养他养成一种沉稳的行动方式。做母亲的可能每天都很忙，但最好还是能够有意识地和孩子好好聊聊天。如果能够和孩子一起创造一个能让人感到放松的环境，那就再好不过了。即便只有5分钟或者更短的时间，也和孩子一起做会儿作业如何？慢慢地审题，在妈妈的陪伴下安心、认真地书写答案……多让孩子积累一些这样的经验吧。另外，和孩子一起讨论一下，如何才能在考试中避免出现粗心引起的错误。在题目上画出重点，检查3遍，或是确认是否写了数量单位等，方法是有很多的。

After 之后

如果能够认真点儿，这些都是能答对的问题。
怎么才能把心静下来认真答题呢？我们一起想一想好吗？

在很简单的地方出错 什么！这儿错了？

为什么总犯同样的错误呢！（生气解决不了问题）

你知道这道题为什么会错吗？

➪让孩子思考解决问题的方法。错误能够帮助孩子成长。

在计算之类的问题上
出现粗心造成的错误 在其他事情上也
这么马马虎虎！

这么简单的问题还错……

你平时就不沉稳，这样不行啊。
你是着急了吗？
如果现在再做一遍的话能做对吧？

➪不要妄下定论。要让孩子去体验如果认真去做是能做对的。

孩子情绪很低落 与其消沉还不如检查检查。

▶这是你自己造成的结果，没办法！
▶算了，下次再努力吧！

好遗憾。这部分做得还是挺好的。
没做对的部分作为复习的重点吧。

➪要对孩子的心情表示理解。另外，要让孩子认识到接下来如何去做。

考了100分 这不是能做到吗！

不愧是我儿子（女儿）！

你看起来好像很开心！
因为这次考试前很努力地复习了。

➩不要表扬孩子本身，而是要对孩子为了考取100分所付出的努力表示认可。

100分满分 妈妈也好开心！

能考100分太棒了。给你买点儿什么吧！

妈妈也很高兴啊。

➩不要用物质引导孩子，要让孩子思考这次考好的原因，并让此次经验在今后的考试中也能发挥作用。

奖励的副作用

“好好学习，要是考好了……”父母的这种心情是可以理解的。但是，“奖励”也有副作用。如果奖励没有越来越好，或是能够给予奖励的人不在的话，孩子就会失去干劲。所以，在孩子考试取得好成绩以后，不要用物质奖励，而是要对他达成目标后喜悦的心情表示共鸣。例如，“你这次很努力”或者“你看起来好开心啊，妈妈也很高兴”，等等。我并不是说给孩子物质奖励不好，而是因为有副作用，所以在频率上应该适当。孩子发自内心地想努力，想去尝试，并且真正赋予行动，这才是我们要去珍惜的。如果你经常给孩子奖励，那就稍微降低一下频率，多把注意力放在对孩子的鼓励上吧。

06

成绩单发下来了……

我也知道她本人是最受打击的……

女儿第二学期的成绩比第一学期下降了很多，她为此情绪很是低落。她第二学期确实没有上学期努力，所以我不由得就对她说：“下降了这么多怎么行啊！你要好好努力啊！”最让女儿受打击的是，她最擅长的数学在所有成绩当中下降最多，所以我有些担心这会不会让她失去动力。

（小学五年级女孩的母亲）

Before 以前

成绩下降这么多怎么行啊！

你要努力学啊！

一点提示

要对孩子懊悔的情绪表示理解。

同时要鼓励孩子，避免他失去学习的动力。

成绩下降最难过的其实是孩子，所以要先对他的情绪表示理解

看到孩子成绩单上的成绩下降，父母免不了会担心，想要说些什么也是很自然的。但是，孩子其实已经意识到出现了问题，所以父母在这个时候与其向孩子发脾气，或提醒他注意，还不如表达对他心情的理解，并和孩子一起思考从现在开始应该做些什么。可以问问孩子：“数学成绩下降了，我知道你也很失望。你觉得为什么会下降呢？”如果孩子回答“因为除法太难了”，那就可以这样鼓励孩子：“除法确实挺难的。那我们以后多下点儿功夫在不擅长的除法上怎么样？妈妈会帮你的。”还可以和孩子一起制订一些具体的计划，例如什么时候用什么方法学习，等等。

After 之后

好可惜啊。

你觉得以后在学习方法上应该怎么调整呢？

有的科目的成绩比上次考试时提高了 有进步必须表扬啊！

只要努力这不是能做到吗！

考前用功了。
为了学××（具体科目或内容）下了很大的功夫。

➪和过去做比较，告诉孩子哪里有了进步，提高孩子的自信。

明明大多数是“优秀”，但还是免不了去在意那几个“及格” 注意力忍不住就转移过去了。

要是这些也能做好就完美了。

我知道你在学校也特别用功。
你特别听老师的话。

➪相比做得不太好的事情，要先把注意力放在孩子完成得好的事情上。

老师的点评 让我看看，老师都写了些什么。

没想到还挺努力的！

妈妈觉得你这点（具体指出）特别好。

➪对孩子在学校的良好行为给予认可和鼓励，让孩子更有自信。

忍不住就和兄弟姐妹做了对比 明知道不该这么说，可是……

你哥哥做得比你更好。

你好像很擅长做×××。
（你很努力地做了×××。）

➪对孩子的每一个长处都给予关注。如果非要做比较，不要和兄弟姐妹比，而是和他自己的过去比，例如“去年数学还不怎么好，今年成绩就有了提高”。

在一个学期结束后开个“表彰会”怎么样

在结业式那天，和孩子一边看着成绩单，一边回顾整个学期，并给予他充足的鼓励吧！例如：

“笔算除法虽然很难，但你很用心地练习了。”

“每天早上都帮妈妈从报箱取报纸。”

“每天都开开心心地去学校，妈妈看你这样也很开心。”

“运动会上一直坚持着，全力跑到了最后。”

什么都可以说！

与此相对的是，也可以让孩子对妈妈进行表扬，例如“我们各说出3个自己和对方值得表扬的地方，好不好”，这样对话也会变得很有趣。在我家有一个惯例，那就是每到学期的最后一天，一家人会一边吃着甜点，一边开孩子的“表彰会”。

07

不为升学考试做准备

提出想参加升学考试的明明是他自己……

我上小学六年级的儿子过去有一天说他想参加初中的升学考试，所以从四年级的秋天开始，我们就给他报了学习班。但是最近，他不学习的情况越来越多，不是和朋友玩游戏，就是摆弄手机，要不就是在家看电视……我开始有些担心。花着那么多的学费让他去学，但这个状态很快就会被竞争对手超过去的！一想到这些我就着急，忍不住会严厉地说他“你不学习是考不上的”。虽然我知道这么说反倒会有不好的效果，但是……

（小学六年级男孩的母亲）

Before 以前

其他孩子都在努力，觉都不睡呢！

你就不能再使点儿劲吗！

一点提示

再和孩子确认一下是否真的要参加
升学考试，并且商量一下应该怎样做。

再确认一下孩子是否真心想要参加升学考试

孩子明明想要参加考试才让他上学习班的，结果他还只是玩，这确实很让人头疼。但孩子是真心想要参加升学考试吗？这一点最好和他本人再确认一下。如果他的回答是肯定的，那可以告诉他："你现在这个状态恐怕是很难考上的。你既然想考，学习班也上着呢，那是不是应该把精力再多放些到学习上呢？"如果他的回答是"我还是不想考了"，那也不要逼他。因为如果本人没有意愿的话，升学考试是很难合格的。当然，妈妈也可以把自己的想法告诉孩子："妈妈觉得还是参加考试比较好。因为……"然后再和孩子商量。如果只是一味地学习是很辛苦的，所以在学与玩之间找到平衡，随时转换心情，并在这个过程中培养注意力是十分重要的。不用说，拿孩子和他人做比较是会打消他积极性的行为，一定要避免。

After 之后

妈妈知道有时候你也想休息休息。
但是，你一直这样妈妈会担心的。
一开始只学一小段时间也没关系。
先行动起来怎么样？

孩子没有了积极性　为什么偏偏在这个时候？

考完试给你买×××。

怎么了？妈妈很担心你啊。
换换心情怎么样？

➪先要对孩子的情绪表示认同，告诉他不想学了很正常。这种情况下转换心情是很重要的。

提出不想参加升学考试了　事到如今说什么呢……

都到这个时候了你还说这种话。
明明是你提出要参加考试的！

出什么事了吗？
能和妈妈说说吗？

➪先对孩子的心情表示理解，让孩子知道你和他是同一阵营的。

明明已经很努力了，可成绩就是上不去

▶是不是方法不对？
▶是不是还不够努力啊？

有时候是会这样的。
但是你的努力已经充实了你自己，不会白费的。

➪不要只注重结果，要对孩子付出的努力表示认可，并给予鼓励。

去上学习班，但是在家从不学习 这是不是有点儿过分！

在家不学习，上学习班也没有意义啊！
学习班的钱都浪费了。

我觉得为了把在学习班所学到的东西真正变成你的，在家也学一会儿还是有必要的。

➪用第一人称，让孩子知道妈妈的想法。

耗费了过多精力，让人不免有些担心 不会累坏吧？

▶加油！加油！就是这样。
▶再加把劲！

▶你好努力啊。不要强求自己哦。妈妈会担心你的。
▶你这么努力太值得表扬了。

➪对已经很努力的孩子就不要再对他说“加油”了。
要对他做出的努力给予肯定和支持。

想上的学校没能考上 与其后悔还不如……

就是因为你还不够用功才会这样的。
要是再多加把劲就好了。

好可惜啊。
妈妈知道你已经很努力了。
这次的经验将来肯定会对你有用的。

➪无论什么时候都要理解孩子的内心世界，认可他做出的努力。

小妙招

“交流”具体要怎么做呢

阿德勒心理学认为，父母与孩子之间的交流是十分重要的。为了能和孩子在良好的气氛中进行民主对话，父母在日常生活中就要注意与孩子关系的建立。如果平时总是以一种高压的方式命令、支使孩子，那父母与孩子之间就会成为上下级关系，交流就不会很顺畅。如果不是这样，而是将孩子作为一个独立的人去尊重、信赖他，那双方就会成为“平等的关系”。

比如，你和自己尊重并且很重要的朋友说话时的方式。

父母要进入孩子的内心时，可以想象成去别人家串门，不能穿着脏鞋换也不换就进门，而是要先敲敲门的。

小××，现在有事吗？
能聊聊吗？

相当于敲门

你每次都很晚才去洗澡，
让妈妈有点儿为难。

很客气地把妈妈发愁的事情告诉孩子

妈妈想早点儿把衣服洗完，
所以你能不能帮帮妈妈呢？

不要用命令，而是用商量的语气

像这样先敲敲门，再以平等的关系与孩子对话，孩子就会对你敞开心门，让你进入他的内心世界。反之，如果你鞋也不换就想强行进入孩子的内心，那他就会紧闭心门，你说的话他自然就听不进去了。

如果孩子感受到妈妈是将他当作一个独立的人去对待的，并且很重视，那孩子同样会尊重妈妈的想法，有时可能还会想要为妈妈做些什么。

家人，就是在家庭成员有烦恼时互相支持的存在。如果出现意见不统一的情况，那就去商量解决。家庭成员之间最理想的关系，就是能够做到在不伤害对方的情况下说出自己的意见，能够听取对方的看法，并有效地沟通。当孩子将来面临进入社会或是结婚等重要时刻时，如果家人之间能有这样的沟通，那对孩子来说意义将会是非常大的。

第四章

关于人际交往的话术

与人际交往上的困惑相关的话术

父母因为心里过于担心孩子，下意识地就会出言干涉。但是，这样反而会让事情变得复杂，或者本该让孩子自己去应对解决的问题，最后变成了由父母代为处理。对父母来说，很重要的一点是，要配合孩子的成长，适时地把自己的“角色立场”从“帮助”转向“支持”。

为了孩子的“自立”，父母所能做的事

对于刚出生的婴儿来说，第一个面对的“社会”就是自己的家庭。在家庭里，孩子通过与父亲、母亲、兄弟姐妹等成员的相处，学习人际交往和社会生存的基础。

学校、所学的知识、来自不同地区的朋友……随着渐渐长

大，孩子的人际交往也会渐渐扩展，与此同时，他也开始慢慢地脱离父母的陪伴，去构筑自己的人际关系。这样一来，父母也许又会担心，在自己看顾不到的状态下，孩子能不能应付。此时，希望父母们能牢记于心的是，在第60页也说过，父母的最终目的地，就是“育儿目标”。

育儿目标就是要培养孩子的自立。

- 能自己思考、有行为能力的“幸福”的成年人；
- 拥有克服困难的能力（有解决问题的能力）的成年人。

为了让孩子成为这样的人，父母从旁给予的支持是非常重要的。

伴随着孩子的成长，各种各样的问题也会接踵而来。此时，如果孩子能够靠自己想办法解决这些问题，将会增长孩子的自信心，也会成就他们将来获得幸福生活的能力。

当然,也不能操之过急。父母要配合孩子的成长阶段和个性特质，一点一点地从帮忙转向支持的角色。

培养解决问题的能力=赋予克服困难的力量

请想象一下孩子从学校回来的时候一直在抽泣的场景。

“你怎么了？很难过吗？是因为小朋友吗？告诉妈妈。妈妈帮你去跟那个小朋友（老师）说。”

这种场景下，家长也许就会逼问孩子，或者插手干涉。

但是，这个时候，试试下面的说法怎么样？

“怎么了？没事吧？说给我听听发生什么事情了？”

这样就给孩子创造了一个让自己主动倾诉的机会。如果孩子还是哭着不肯说的话，妈妈就温柔地告诉他“那就等想说的时候再告诉我吧”，然后耐心地等待孩子敞开心扉。

但说是“等待”，也并非彻底放任不管。要向孩子传达一种“妈妈永远都是你的伙伴”的信息，如此给予温柔的守护。等孩子情绪稳定下来讲给妈妈听的时候，妈妈要耐心地聆听，成为孩子内心的“安心基地”。

妈妈一旦成为孩子心里的“安心基地”，他就能鼓起勇气更好地去努力面对外面的世界。

“不要只会哭，给我坚强一点儿！”

“肯定是你又干了什么吧？”

这类的指责请不要再说了。

要跟孩子说一些“谢谢你能告诉我”或是“正在为这件事烦恼啊，我们一起来想办法吧”这样鼓励他的话。

不是“要这样做，要那样做”，而是说“你觉得要怎么办才好”或是“妈妈是这么觉得的”，并把最终的决定权交给孩子。这样一来，孩子就能形成解决问题的能力和生存的能力。

无条件地教给他“什么样的我都是棒棒的”

最近，听说有越来越多的年轻人在找工作的过程中变得很忧郁。其中有很大一部分原因是，频繁得不到录用，对自己失去了信心。这也是因为丧失了克服困难的活力吧？

当然，这并非是导致忧郁的全部诱因。但是，能从孩提时代起就有失败和挫折的体验，积累起靠自己的力量去克服困难的经验，我想，在找工作的进展不顺利这点儿小挫折面前，是会“不屈服”、坚忍不拔的。

和这同样重要的是，作为孩子身边最亲近的人，身为父母的我们要告诉他们，“什么样的你都是棒棒的”“你是最好的存在”。这种看似很简单的事情，我们却意外地没有做到。

实际上，有不少父母都是有条件地去评价孩子的。

比如，得100分的就是好孩子，得60分的就是差孩子；乖乖待着的就是好孩子，闹腾得像在搞破坏的就是坏孩子……你是这样吗？

如此一来，习惯了带着条件去评价孩子，就会渐渐地使孩子也变得以同样的条件去评价他们自己。“做得到的我是棒棒的”“做不到的我是差劲的”，带着条件去评价自己、用外界的评价去决定自己的价值，渐渐地就会对自己失去信心。

所以，希望大家告诉孩子，不要根据结果评价，而要关注态度和过程，常常鼓励自己，要珍惜自己！

尽可能不去介入孩子自己的问题

在我举办的阿德勒心理学育儿讲座中，孩子的问题和父母的问题是分开考量的。并且，对于孩子的问题，父母基本上都不要出手介入。

但实际上有不少情况是，问题都杂乱地混在一起分不清到底是谁的。那么，怎样才能明确地区分出是自己的问题，还是孩子的问题呢？很简单的一个方法是，想一想这件事的结果会怎么样地落到谁的身上。

比如，“不做作业”这个问题，最终孩子会因为忘了写作业而被老师批评，或者跟不上功课会很麻烦，这样的结果是落到孩子自己的身上的。因此，这就是孩子自己的问题了。关于“睡懒觉迟到”，最终迟到了觉得很难为情和受到困扰的是孩子自己，所以也是孩子的问题。反之，父母的问题也是用同样的方法去做判断。

对于这些孩子自己的问题，父母基本上是没有介入的必要的。

但尽管是孩子的问题，父母也还是会在意的吧。比如，孩子不知道如何解决或是孩子跑来跟父母商量的时候，父母也可以将其作为“共同的问题”，由父母给出建议，孩子做出决定。

另外，在孩子遇到不会做的作业而犯难的时候，父母不要马上去帮忙（当然，问一句“作业做得还行吗”也是可以的）。当孩子来跟你说“这里我不会，教教我”，这时再开始介入。当然，父母也可以回答“自己好好想想看”。通常，即使父母不去介入也没有关系。拒绝过一次之后，如果孩子再次来问，这时再开始介入也是可以的。

像这样，父母把“到底是谁的问题”分开考量，并去采取相应的措施，孩子就能形成靠自己的力量去解决自己的问题的能力了。

兄弟姐妹间的争吵，也是孩子自己的问题。但是，打架把家具弄坏了或是父母都要睡了可还是被吵得睡不了，这种连父母都明确受到了困扰的问题，就作为共同的问题，可以跟他们说

“这样下去家具都要被弄坏了，所以能停止吗”，或是“吵得我睡不了觉，所以很困扰，能安静点儿吗”。

无视那些不讨人喜欢的行为

虽说兄弟姐妹间的争吵许多都是孩子的问题，但如果频繁发生的话，父母也会变得很在意吧？但对于这个问题还请一直忍住，不要说多余的话，也不要介入其中。原因是，从兄弟姐妹间的争吵目的来看，不少都是“引起父母的注意”。

知道与兄弟姐妹的争吵可以吸引妈妈的关注的孩子，自然会去制造吵架的缘由，也会哭诉“哥哥打我了！哇……”来引起妈妈的注意。也就是说，一旦你去关注了他们为引起注意而制造的事端，他们就会变本加厉，吵得更厉害了。

那么，要怎么做才合适呢？

父母不要仅仅在孩子们争吵的时候才给予关注，重要的是在他们好好地在一起玩的时候，跟他们说“看到你们好好地一起玩，妈妈很开心”，也可以在平时看似理所应当的行为上，传递出“妈妈一直在关注着你们”的想法。

有人说“兄弟姐妹间的争吵就像是摔跤比赛”。确实如此！如果周围有人的话就会越吵越凶。也经常听闻，两个孩子要是被父母留下看家的话，关系意外地会很好。

争吵是很重要的学习经验

我自己的两个女儿也会吵架（姐妹俩相差6岁）。抢玩具或是抢游戏机、意见不一致，等等，理由各种各样，我基本上都不会介入。孩子们发现父母没有介入，就会自己去解决，几乎不会有“姐姐××了”或是“妹妹××了”这种常有的“告密”。我也是个普通人，所以要是姐妹俩的口角过于吵闹的话，也会感到烦躁，然后拉着脸说：“你们吵得我都没办法好好看书了，能不能给我到别的房间去。”

但是，有时候看着这样的她们，对我这个都没有可以吵架

的兄弟姐妹的独生子女来讲，说实话，我也会有点儿羡慕。

其实，争吵并非完全是坏事。

刚才明明还那么生气，却马上能够和好一起玩；即使被妹妹任性的话给惹怒，过了一会儿，姐姐又能想着妹妹，温柔以待……“姐妹间的爱真好啊。”独生子女的我会对此感到很温暖。

争吵，是感受着不甘心、愤怒、讨厌的情绪，一边与对方冲突着，一边又能理解对方，很快就能原谅，然后又亲密起来的经验。通过这些经验积累，想必孩子们可以在人际交往能力方面有所进步吧。

因兄弟姐妹的数量减少而缺失的部分，通过增加与朋友或是不同地方的人们的交往，来学习人际关系的基本，也不错吧！

01

兄弟姐妹间的争吵开始了

不自觉地会对哥哥严厉……

我是两个男孩的母亲。孩子一个上小学三年级，一个上五年级。因为他们经常吵架，所以我感到很烦恼。大多时候都是弟弟来向我哭着告状说“哥哥打我了”。偏偏越是在我最忙的时候他们吵得越多，弄得我很焦躁，不自觉地就会告诫长子“你是哥哥，所以要对弟弟温柔一点儿”，对弟弟也会说“你也别就知道哭了！肯定是你做了什么吧”。我想结束这样的模式，有没有什么好的方法呢？

（小学三年级男孩和五年级男孩的母亲）

Before 以前

你是哥哥，所以要温柔一些！

一点提示

不要判定是谁的不好，尽可能不去理会。

兄弟姐妹间争吵的“目的”是父母的关注

看到他们兄弟姐妹在争吵，父母会觉得很吵、很烦躁吧？但实际上，对孩子来说，很多情况下，他们想要通过争吵来获得父母的关注。说不定也可能是弟弟惹怒了哥哥，然后觉得说“被哥哥打了”就能得到妈妈的关注。孩子们的争吵只要不出危险，就尽可能地不要理会，冷静地告诉他们“我去二楼晾衣服了哦”“太吵了，能给我安静点儿吗”之类的话，离开这个现场也是一种办法。另外，即使是在从中说和的情况下，父母也先不要判定，认真聆听双方的话，对大儿子说“哥哥是不喜欢××的吧”“你是这么想的啊”“你动手是因为遇到无法忍耐的事了，对吧”，跟小儿子说“很痛吧”，这样去和孩子产生同理心。有时候，孩子会因为得到了聆听，心里稍微舒畅一些。

After 之后

打人是不好的哦。

是发生什么事了吗？

能说给我听听吗？

不是特别清楚
到底是谁的错……

因为是兄弟，所以要亲密起来啊！

为什么不能好好相处呢！

能一个个地来说给我听吗？

➪ 兄弟姐妹吵架的原因很多都是为了得到父母的关注，所以除去有危险的情况，父母尽可能不要介入。介入了也不要去做判定，要好好地聆听双方的话。

孩子跟对方说“××什么的去死”

从哪儿学来的！

说的什么话！不可以说那种话！

这种说法可不好哦。我不希望你随便地说这种话。

➪ 告诉孩子不能用的措辞，也可以让他们思考为什么不能用。这会成为一个让他们学习换位思考的机会。可以在平时就告诉他们，每个人都是非常重要的存在。

抢东西

解决对策是这个！

哥哥把这个给弟弟！轮流玩！

不喜欢看到（听到）你们总是抢来抢去的。你们想想怎样做才能好好地一起玩？

➪ 不能只要求年长的孩子谦让。使用共同拥有的东西必须有相应的规则。什么时候是谁使用、使用的时长等，父母要跟孩子们商量决定，这点很重要。

互相打来打去、踢来踢去……　又来了！好烦躁！

太吵了，给我到外面去！

打人、踢人可不好哦。吵得我没办法工作了，能到外面去吗？

⇨ 要毅然告诉孩子暴力行为是不行的（这和感情上的生气是不同的，详情请参照第41页）。
之后，告诉他们妈妈的困扰。争吵会在父母在场的时候变本加厉，所以故意离开现场也是可以的。重要的是，父母要冷静地把自己的心情，即“我是这样想的”传递给孩子，然后不去予以关注。

妹妹擅自拿了姐姐中意的书来看，结果失手弄破了　哇，惹麻烦的预兆。

她并不是故意的，所以原谅她吧。

喜欢的书被弄破了，心情很不好吧？

⇨ 不要说因为是姐姐所以要忍耐。用同理心去理解一下因为重要的东西被弄坏了而不愉快的姐姐的心情吧。比如，“弄成这样很不开心吧？是很重要的东西啊”。要跟年龄小的孩子确认事实，“你把姐姐很爱惜的东西弄坏了吧”，让他想想该怎么办才好，要怎样防止再出现这类事情，然后道歉，把东西恢复原样等，让孩子去为自己做的事负起责任。

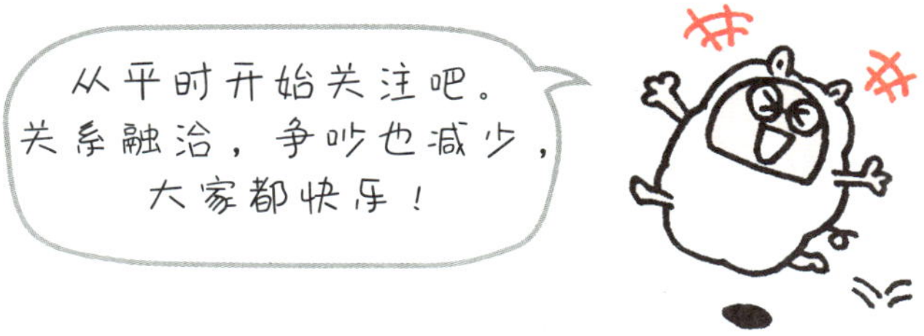

02

无精打采

担心在不知不觉间就变成了生气……

从学校回来就无精打采的儿子，即使问他“遇到什么事了”“难道是受欺负了”什么的，他也是垂头丧气地不开口。看着明明在问他，却什么都不回答的儿子，我的担心渐渐就变成了“你倒是说点儿什么啊”的生气……我要反省。这种时候，我要怎么做才好呢？

（小学三年级男孩的母亲）

Before 以前

遇到什么事了？被欺负了吗？

是被谁说了什么吗？

要帮你跟老师说吗？（盘问的语气）

一点提示

不要逼问。给予孩子能更好地敞开心扉的安心感。

孩子不愿说的时候不要强行去问

如果看到自己可爱的孩子垂头丧气地回来，不论哪位母亲都会觉得有些担心。我明白那种因为过分担心而变得想问东问西的心情。但是，问太多的话也许会让孩子难以回答，又或许心情低落的时候疲于开口。这种时候，请温柔地跟他说“怎么了？遇到什么事了？可以的话跟妈妈说说看吧”，也许在给予了安心感之后，孩子就会变得愿意说了。即使孩子不愿意说，也不要去强求，告诉他“想说的时候再来跟我说吧。妈妈永远是你的同伴”。

After 之后

看上去无精打采的。遇到什么事了？

如果遇到困难可以告诉我哦。

妈妈不论何时都会听你说的。

向你诉说被同学说坏话 难道是，霸凌？！

被谁说了什么？妈妈去打电话。要不跟校长也说一下吧？

那肯定很不开心吧？你当时怎么了？接下来打算怎么做呢？

不要否定孩子的心情，一边给予共鸣一边听他说，然后问问孩子打算怎么做。

向你诉说被朋友说坏话 那个孩子是谁……

妈妈对那个孩子不太了解，所以明天你去跟老师说。（不关心）

那肯定很不开心吧？他说了什么？

先听听孩子怎么说吧。得到倾听之后，孩子就能够安心，也能很好地厘清事实。在确认了情况的基础上，妈妈再趁势和孩子商量该怎么做才好。

正在为交不到朋友而苦恼 缩手缩脚的真叫人犯愁啊！

自己积极主动地去搭讪啊。妈妈就是那么做的！

正在为交不到朋友而苦恼啊。我们一起来想想看能做些什么吧。

父母是这么做的、该这么做，控制一下这类硬性要求吧。让孩子自己决定自己能做到的事情，并且自己试着去做，这是很重要的。

告诉你跟朋友吵架等事情，但你并不太清楚实情

嗯，到底是谁的错？好烦恼啊。

我不是很清楚，打个电话给××的妈妈，妈妈们沟通一下看看。

能告诉我遇到怎样的事情了吗？

➪ 孩子之间的争吵让孩子自己去解决。所以，先问问孩子遇到的事情和他做了什么吧。

*但是，根据情况，有时妈妈之间也有必要取得联系，共享这些消息情报。

听说好像被朋友疏远了

为什么？

被朋友疏远了是真的吗？

最近是在和谁一起玩？休息时都做些什么呢？

➪ 建议从孩子容易说、容易回答的事情开始问。也许，孩子的回答中有“觉得被朋友疏远了”这样的话。听了之后，父母先表达同理心，再一起思考以后打算怎么做。

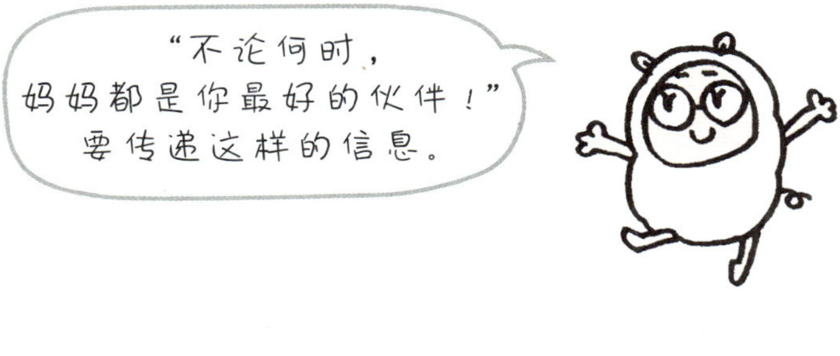

03

担心与朋友的关系

虽然是孩子间的借来借去……

女儿把书借给了班上的朋友，对方却迟迟没有归还，她为此苦恼。因为是很喜欢的书，也跟对方说了好几次请她归还，每次都说“知道了，下次拿给你”，但还是一直没还。女儿非常沮丧，说“都已经说了那么多次了，没办法了……”一副几乎要放弃的样子。这种状况下我可以直接联络她朋友的母亲吗？

（小学五年级女孩的母亲）

Before 以前

那个孩子也太差劲了！

再也不借给他了！

一点提示

这是孩子的问题，所以尽可能
让孩子自己解决吧。

这是学习表达方式和说话方式的机会

重要的是，孩子要自己向朋友传达“想要你还给我”的想法，“没有××我很不方便，你能还给我吗”之类的话，孩子要告诉对方自己现在真的很困扰。此时是学习表达方式和说话方式的机会。

因为是孩子的问题，为了能让孩子自己解决，父母可以对孩子的心情表示共鸣，给出“妈妈觉得可以尝试一下这样做”之类的提议等，给予孩子支持。

根据情况，父母试着建议“要不要跟朋友的妈妈商量一下看看”也是可以的。如果孩子自己对父母说“妈妈，拜托了”，就跟对方的妈妈联系一下，确认了状况也许会比较好。

After 之后

你跟那个孩子是怎么说的？

我们一起来想个好办法吧。

孩子在和谁一起玩，我不太清楚　有点儿不安。

你在和谁一起玩？不是在和什么奇怪的孩子一起玩吧？

能说说你现在常和谁一起玩吗？

➪ 要告诉孩子，你为什么想知道他在和谁一起玩。目的并不是要“管理”他的人际交往，而是孩子总和谁待在一起，如果去了对方家里或是对方买了什么东西给孩子，也许就有向对方父母表示谢意的必要，所以需要确认一下。

孩子跟你说朋友在骂人　我听了都觉得那个孩子有些过分！

××真是过分啊！他妈妈没有好好说他吧。

你看到（听到）了××做那样的事情啊。你当时是怎么想的？

➪ 好好倾听孩子的话。

想要朋友们都有的东西（游戏、智能手机等）　圣诞节再买不行吗？

我们家是我们家，别人家是别人家。

是吗，大家都有啊。能说说你为什么想要吗？

➪ 首先，别不由分说地驳回孩子的请求，听听孩子的话，让他说说看想要的理由吧。

和（父母看来）不讨人喜欢的孩子在一起

总觉得很担心……

不能和那种孩子待在一起！

好像看你在和××一起玩，××是个什么样的孩子啊？

➪ 虽然孩子的交友关系是孩子自己的事，但是父母对此也会挂心的。不要仅凭外表看起来或是传闻，就去做“反正肯定是那样”的判断。也会有凭借外表判断不了的事情。重要的是，要表现出对孩子朋友的关心（但不要弄成像询问那样）。

好像被朋友要求把××给拿来

真是过分的话啊！

不要再和那种孩子玩了！

听说×××，是真的吗？

➪ 孩子对“把××给我拿来”说不出“不”是有理由的。比如，害怕、拿去了就能维持朋友关系，等等。讨论一下孩子是否觉得这是真正的朋友，以此来传达父母的意见吧。

对于“想要和大家一样的东西”该怎么应对

“因为朋友们都有”是孩子们缠着要东西的时候常说的一句话。在孩子的世界里，拥有同样的东西关系到他们的安心感。在决定买还是不买之前，让孩子先说说他为什么想要的理由吧。父母和孩子一起商量，觉得可以接受的话买也可以，要是接受不了，不买也行。对孩子来说，这会成为一个让他们体验想要说服对方，就必须有合理根据的机会。

04

兄弟姐妹间的比较

对我来说两个孩子都是珍爱的女儿，所以很困扰

上小学三年级的小女儿最近常常问“姐姐和我，你喜欢谁”，这很难回答。上五年级的姐姐从各方面来说都很可靠，属于优等生的类型。虽然小女儿也仰慕大女儿在小学里活跃的样子，但也萌发出竞争心。如果我说“哪个都喜欢”，她就会问“你说你更喜欢哪个”……为了应付，这个时候我应该说更喜欢小女儿吧？但我到底该说什么才好，拜托给我一个建议。

（小学三年级女孩和五年级女孩的母亲）

Before 以前

当然是两个都喜欢！

不要问这种无聊的问题！

一点提示

告诉孩子们他们相应的优点。

孩子心里希望你说更喜欢他

这真是一个让父母困扰的问题啊！是一个明摆着想让你说更喜欢他的质问。很可爱吧！

在这时，最好说“喜欢××的这一点”，像这样举出这个孩子的优点比较好。

“我喜欢姐姐的××这一点，喜欢你的××这一点”这种说法也是可以的。比如说，“姐姐像向日葵一样生机勃勃地开放，能给周围的人带去活力这样的地方，我觉得很好。你呢，像百合一样文雅，稍微有点儿谨慎，但是温柔体贴这一点也很好啊”。

After 之后

喜欢你这一点哦。

“反正我又做不到像哥哥那样”
说些跟自己过不去的话

明明谁都没说过
那种话……

我没有说过那种话。你自己要努力！

你的这一点，我觉得很棒啊。

➪ 不少情况都是孩子擅自去比较，然后因为产生了劣等感而受伤。所以，父母这时可以好好地告诉他，关于他的优点、他的“闪光点”（参照第12页）。

哥哥能轻松理解的除法，
弟弟却深感吃力

啊呀，在这里栽了跟头？

哥哥这里很容易就会了啊。

你觉得是哪里难呢？一起来做做看吧。

➪ 遇到不会做的事情，靠自己的力量去解决是最重要的。但对于觉得“反正我做不来”的孩子来说，能把范围缩小到具体哪里不会这一点上会比较好。“这里很难啊”，这样去和他产生共鸣，一起思考的样子，会给予孩子安心感。

只给哥哥买××，
太狡猾了

年龄不一样，所以这
是理所应当的吧！

对你来说还不需要吧！说什么呢！

是吗，是觉得哥哥的东西很好，对吧？但这是因为，
哥哥他……（进行说明）

➪ 重要的是对孩子的心情表示理解，并进行说明。即便是对幼小的孩子，也要用容易明白、容易接受的方式去跟他说。

想要认可两个孩子好的地方，
但不知不觉的就只会说那一句话　关注个性？

姐姐是学习担当，妹妹是运动担当啊！

姐姐比较擅长××吧，妹妹就对于××比较拿手啊。

➩ 重要的是，不要做片面的判定。孩子是有无限可能的，所以父母终归也只能说目前所擅长的东西。在认同好的地方的同时，父母也要传达出孩子隐藏着的其他可能性。

马上给出下一个目标的语言会打击勇气

当孩子说“妈妈，我可以吃不喜欢的番茄了”的时候，母亲说“明明不喜欢还是努力去吃了啊”是鼓励。这个时候，再说“但是崇史君都能吃青椒了呢，你也吃的话……”等，这样去跟别人比较的话，孩子会觉得没有受到认可，就会失去自信和干劲。这样一来之前煞费苦心的鼓励也白费了。要注意像“下一次要是努力去××的话，就更好了”这样又有激励又马上给出下一个目标的语言，会打击孩子的勇气。

小妙招

要是学校的老师打来电话……

对于来自学校的联系，你有着怎样的印象？或许印象不是太好吧？当然，有些联系也只是事务性联络，或者内容是“有努力做了（正在做）的事情”“有了好事情，所以请家里表扬一下”。但是，实际上，关于打架的告知或是“有件这样的事情（不好的事情）”这样的内容居多吧？

那么，下面我们就设想成“把朋友打伤了，老师打来电话”这种不太好的状况，并思考看看吧。

老师会从与事件相关的孩子开始，向他们问话并确认实情，进行教导。然后，老师会告诉他们“今天的事情自己回去跟家里人进行说明吧。稍后老师也会打电话过去的”（不是胁迫而要温和地说）。

在放学后，老师会用电话跟学生家长联络……一般会是这样的一个流程。

这个电话也许大多会从“你从孩子那里听说了吗”这样的

内容开始。如果孩子说了的话，你可以说“很诚实地说出来了呢”；没说的话，你就说“因为很难开口吧”。对话会以这样的内容继续。在这里，即使孩子还没有说，也请不要一挂了电话就发火说“为什么没告诉我”。

孩子明白自己做了什么事。从在学校里跟老师说的时候开始，上课时、休息时，直到回家为止，他也许一直都在担心要怎么告诉妈妈。

所以，稍微体谅一下孩子的心情吧。这对孩子来说是学习说明自己做过的事情的重要机会。

先从“能告诉我发生什么了吗”开始。这里父母也可以跟他说“我不会发火的，所以你放心吧”，而且一旦这么说了就绝对不要发火。发了火的话，今后孩子就会变得不愿意说了。

如果把事情跟父母说了的话，父母可以说：

“是吗，是这样啊。谢谢你把这么难开口的事情说给我听。我很高兴。”

问问他：“你觉得今后（从现在起）要注意些什么才比较好？”

在家中，重要的是要冷静地商量“什么是不合适的”“今后要怎么做才好”。

因为在学校里孩子已经受到足够多的教导，所以在家里不要重复同样的事情。

然后，家长把在家中商量的情况，写在联络簿上面向老师告知，孩子改正就好了。

小妙招

联系孩子经常一起玩的小伙伴的监护人，加深共同理解

孩子和朋友的关系亲密起来，互相去对方家里玩的机会也会增加。这对孩子来说，是学习各种与学校不同的事物的机会。比如：

- 寒暄、把鞋子摆整齐等礼仪；
- 自己看着时间决定是玩还是回家；
- 表达心意，如带去礼物或是点心（若是每次都这样相互都会有负担，所以“仅限于初次的时候”等，由双方父母共同来商量决定比较好）；
- 做了作业再玩等，按规则来安排。

以此为契机，父母经常跟孩子的朋友们的监护人取得联络，加深彼此的了解。也可以说些关于零花钱的数额或是钱的用法等话题。

和附近的人或是妈妈们一边交换消息，一边共同思考，不仅是自己家的孩子受益，大家能够共同教育孩子也是很不错的。当然，不是去配合大家，而是要去思考，对自己来说在育儿过程中最重视什么。拥有自己的想法是很重要的。

第五章

在日常琐事上给予鼓励

对普普通通的“日常”进行鼓励很重要

理所应当的事情并不显眼

在讲座之类的场合中，当问到“大家最近是在什么情况下鼓励孩子的”，妈妈们一般会回答说：“这么说起来好像几乎没做过……”其实，这也情有可原。一般来说，得了100分、帮忙看家、帮忙干活、乖乖地等候、努力做了某件事情，等等，家长大多都是在孩子做了什么特别的事情时，才会去表扬。

但是，鼓励不要局限于做了特别的事情时，如果在平常看似理所应当的事情上也多多鼓励的话，会产生怎样的效果呢？

比如，妈妈要做的事情有很多，非常辛苦。洗衣服、打扫、做饭、整理、晒被子、照顾孩子、学校的家长委员会的工作，职场的妈妈还要兼顾自己的工作……

但是，做这种日常中看似理所应当的事情，通常都很少会得到感谢吧？

这时候，如果丈夫或孩子对你说：

“谢谢你总是做这么好吃的饭菜。”

“房间干净了好舒服啊。”

“能盖着松松软软的被子睡觉都是多亏了妈妈。”

听到这些你是不是很开心？明天又会重新充满活力了吧！

一旦听到这样温暖的话语，妈妈自己也会想去鼓励丈夫和孩子了。

我想这样一来，鼓励的接力棒就会传递下去。把那些觉得自己听了都会开心的鼓励的话，先试着由自己向孩子说说看吧。其中的关键是，要把目光投向那些看似理所应当的事情上。

比起“强求没有的”，不如“探寻拥有的”

我们每天过得看似稀松平常，都是因为家人平平安安的、没有受伤，而且健健康康的。所以，这些其实也许并不平凡吧。但是，因为想让自己的孩子变得更好，所以父母会忽视那些理所应当的事情，无论如何都会把目光集中在孩子的缺点上，容易用减法的方式考量孩子。

但是，请下决心尝试一下加法的思考方式吧！比起“强求没有的”，不如去“探寻拥有的”。

减法思考

现在仅仅是好好地活着	100分
●早上睡懒觉	−10分
●早饭剩了一半	−10分
●忘了带东西	−10分
●睡前没写完作业	−10分
	60分

加法思考

●现在还好好地活着	100分
●早上睡懒觉但自己知道起床	+10分
●早饭吃了一半	+10分
●忘了带东西但是自己想办法解决	+10分
●早上补做了作业	+10分

续表

● 精神满满地打招呼	+10分
● 去上学了	+10分
● 平安回来了	+10分
● 跟朋友活力满满地玩耍	+10分
	180分

加法的窍门

①找那些认为是理所应当的事情。

②即使乍一看是不好的事情里，也一定可以发现好的地方。

③比起“还不会做的事情”，更关注“已经会做的事情”。

另外，像“说这种话有点儿难为情”“以后再说吧”之类的心思不要表现出来哦。所以，关键是在那个瞬间，家长不要觉得害臊，不要觉得麻烦，鼓起勇气去表达就可以了。

换个跟平时不一样的看法试试

越来越多的孩子对自己没信心

在把高中生作为对象，进行的关于“我认为自己是有价值的人”的调查[1]当中，回答“完全认同”的据说仅占7.5%。即使将回答“应该是吧”包含在内，也仅有36.1%。自尊感之低引人注目。有这么多孩子都对自己没有自信，这点很让人吃惊。

要有喜欢上自己的自信。拥有了自信，就可以积极地投入任何事情。当然，自己觉得想要改正的地方，虽然有去改善的必要，但比起每天都在“自己真是没用”的想法中生活，想着“哎呀，没想到自己还是有优点的”这样活着，更能使人心情

1 财团法人日本青少年研究所“关于高中生身心健康的调查——日本、美国、中国、韩国的比较”，2011年。

愉悦吧。

那么，我们就来聊一聊关于改变看法的方式，也就是心理建构的变换。

缺点当中也有优点

当让妈妈们说出自己孩子的优点时，有的妈妈会一边苦笑着一边苦思冥想地表示："啊?不行的地方倒是能马上想出来。"

但是没关系。在探寻孩子优点的过程当中，把觉得是缺点的部分改写成优点就可以了。

优点和缺点就像硬币的正反面。对一个1元的硬币，是从硬币的正面去看，还是从反面去看呢？一旦视角改变了，即便是对同一个物体，看法也会不同吧。

这种改变看法的行为，就叫作心理建构的变换。

积极正面的看法，要变为积极的语言，改变孩子的行动。

孩子性格、特质的心理建构变换表

缺点	心理建构变换
撒娇	让人觉得可爱
	能够信赖别人
死心眼	有韧性、专心
	勇于挑战
冒失鬼	有行动力
	动作麻利
不发表意见	态度中立、谦让
	有协调性
自大	有自信
聒噪	开朗、活泼、有活力
易怒	感受丰富、热情
话多	喜欢和别人交流
安静不下来	好奇心旺盛、活跃
太沉稳	有自己的一套
	和周围相处融洽
太温顺	温和、善于倾听
容易冲动	感受丰富，热情
多变	独特、有个性
顽固	意志坚强
	有信念
要强	做什么都很积极
	不说泄气话
懦弱	比起自己更在意周围
严苛	不妥协地追求目标

续表

缺点	心理建构变换
嘴笨	说话慎重
感觉不亲密	重视自己的内心世界
小气	有计划地用钱
蛮干	有带领大家的能力
容易兴奋	热情
有点儿狡猾	聪明、会更有效率地思考
拘谨	重视自己的想法
	有上进心
不会拒绝	尊重对方的立场
	温柔
喧闹	开朗、活泼、有活力
执拗	韧性强
没有自我	有协调性
骄傲	有自己的主张
	珍爱自己
不显眼	朴素、谦让
消极	谨慎
	在意周围的人
厚脸皮	有行动力
	坦坦荡荡
急躁	反应迅速
没责任感	天真、自由
待人态度好	交流能力强
	擅长社交

续表

缺点	心理建构变换
吊儿郎当	不拘小节，大方
拖沓	做事的时间充裕
性子急	感受丰富、热情
容易“人来疯”	能活跃气氛
	会来事儿
冷淡	冷静，客观
多嘴	喜欢帮忙
爱哭鬼	感受丰富、热情
不合拍	有自己的世界
漫不经心	不拘小节
	有自己的一套
八面玲珑	善于跟人打交道
不善于跟人打交道	拥有自己的世界
	有宁静的内心
不听别人的话	有自己的想法
喜欢一个人待着	自立
	有独立心
眼红别人	坦率地承认别人的优点
自尊心强	对自己有自信
担心周遭	能关怀别人
不认输	有向上心
	知道努力
太认真	诚实地努力
	可靠

续表

缺点	心理建构变换
早熟	憧憬成为大人
没精神	正在充电
沉默寡言	安静，善于倾听
蛮干、硬干	为了不负所望
	有韧性
喜欢下命令	有领导力
不引人注目	以和为贵
	谨慎
惹人注目的中心	自我表现活跃
怕麻烦的人	大方
	不拘小节
优柔寡断	仔细地考虑
粗暴	顽强
任性	有见解
	有自己的主张

把鼓励的话从早说到晚

重点关注那些习以为常的行为

之前说过，孩子捣蛋的行为是为了引起父母的关注。如果父母能多去关注孩子平时那些习以为常的行为，适时给予鼓励的话，就能够让孩子有被认同的实感，也就不会再有为了引起父母的注意而刻意去制造麻烦的必要了。

从今天开始，试着去鼓励那些平时当作无所谓，觉得理所应当的行为吧。下面，我们来看些例子。

早晨： 要是起床后跟你说“早上好”

- 自己主动起床了。（学前儿童～小学低学年级）
- 你跟我说早上好，我很开心。
- 打了招呼以后心情很好吧？

早晨： 要是正在换衣服

- 已经在换衣服啦！
- 之前还不会扣扣子，现在可以扣得很好了！（学前儿童～小学低学年级）
- 谢谢你能把脱下来的睡衣帮忙叠好。

早晨：要是在吃饭

- 吃得真香啊。
- 谢谢你吃得多多的！
- 连不喜欢吃的鱼都吃了点儿呢！
- 一粒饭都不剩，吃得干干净净的，妈妈很开心。

早晨：要是来帮忙干活

- 谢谢你帮忙放盘子。
- 谢谢你帮我拿报纸。
- 能把餐具泡好，真是帮了大忙了。
- 真开心你能帮忙擦桌子。

早晨：去学校的时候

- 注意安全！要度过美好的一天哦！
- 今天有你喜欢的××哦！
- 回来的时候要把××讲给我听哦！（××是孩子感兴趣的活动或是课程）

放学后： 要是从学校回来了

- 回来了！今天也有好好努力吧！
- 回来了。外面很热吧？
- 真开心你能把鞋子摆好。
- ××（孩子正乐在其中的事情）怎么样了？

放学后： 把学校（幼儿园）发的通知拿给妈妈，而且把筷子和饭盒从书包里拿出来

- 谢谢你总是记得拿给我。
- （虽然也有忘记的时候，但是在拿出来的时候）谢谢你拿出来给我。
- （就餐服或是运动服等要洗的衣服）能拿出来给我真是让我省心了。

放学后： 去洗手，漱口

- 不用叫也会自己做，真值得表扬。（学前儿童~小学低学年级）
- 总是记得要去做，这点真棒！
- 清洁有利于健康哦。

放学后： 去朋友家玩

- 注意安全！玩得开心哦！
- 有个好朋友真好啊！
- 好好和××一起玩哦。

放学后：在做作业

- 在写作业啊！（照看见的说就行）
- 怎么样？难吗？有不会的就跟我说哦！
- 每天都有很多作业呢，很努力啊。
- 每天都不会忘记写作业，值得表扬。

放学后：在打游戏

- 玩得很开心呢。是什么样的游戏？
- 也让妈妈玩一下。

放学后：在和兄弟姐妹玩

- 妈妈看到你们好好地一起玩很开心。
- 总是会帮忙照顾弟弟，谢谢啦。

晚上：收拾房间（桌子）

- 整理得很干净呢。
- 收拾整洁了心情也很好吧！
- 自己主动整理值得表扬。

晚上：在做明天的准备

- 自己的事情自己做，真好。
- 预先做好准备感觉很踏实吧？

晚上：洗完澡出来

▶洗干净了很舒服吧！

▶谢谢你总能把浴巾挂好。

晚上：睡觉前

▶今天也很努力呢。

▶谢谢你的出生。

最喜欢你了！（拥抱）

这样说就能让孩子产生安心感，明天又能充满活力了！

带着好心情入眠的话，孩子就能很好地消除疲劳感。也可以在睡前给孩子读点儿书等，这也是很好的亲子交流时间。

晚上：睡着的时候

▶谢谢你一直健健康康的。

▶今天很努力了呢。

▶好好睡一觉消除疲劳，明天要精神满满地起床哦。

▶谢谢你的长大。

▶谢谢你来到这个世界上。

即使在睡着的时候，孩子在潜意识里也能听到妈妈的声音！试着在他们耳边轻轻地说说看！

不用把表达鼓励想得那么难

自己喜欢听到的话语

平时就常常给予孩子鼓励，孩子就能从母亲那里接收到“我正在关注着你”“妈妈非常爱你”“妈妈会一直为你加油的”这样的信息。这些都能成为孩子获取勇气的能量，培养孩子的自信和干劲。

但是，在还不习惯这样去做的时候，有的妈妈会产生“该用什么样的话去鼓励孩子才合适”“这种不算是表扬吧”等困惑。不要太在意这些琐碎之处，只要想着自己平时听到什么样的话会觉得开心，然后说出来就行了。这么一来就简单多了吧！

鼓励就是站在对方的角度用眼睛去看、用耳朵去听、用心去感受。

其实，这就是换位思考。如果换作自己的话会是怎么想的呢……这种贴心的做法，已经是在鼓励了。尽情地去表达对孩子的鼓励吧！

即便不用什么特别的词汇也可以。

抑或不是啰啰唆唆的长篇大论也行！

孩子如果看上去很开心，“心情很好的样子呢”；如果看上去很难过，就问“不开心吗”；如果对你说“妈妈，我抓到了一只虫子”的时候，可以说“就这么被你抓到了？在哪里抓到的”；孩子做作业的时候，说“在写作业啊”；吃点心的时候，说“看上去很好吃的样子”……说什么都是可以的！

不用想得太复杂，请试着实事求是地表达吧。

而且，不仅是语言上的，给幼小的孩子一个紧紧的拥抱（如果是青春期的孩子，也可以拍拍他们的肩膀说“你已经在努力了”）等肢体接触也是一种鼓励的方式。或者，轻轻地递上一杯暖暖的茶。当然，留下写有鼓励的话的纸条也是可以的。在让孩子看家的时候，他们一回到家如果发现有这样的小纸条，一定会很开心的。

找不到理所应当的事情时

翻一翻孩子小时候的相册吧

寻找“理所应当”的事情是非常简单的。话虽如此，有时再简单的事情也有难办的时候。既然是孩子“理所应当”的事情，那么没有表扬的必要，通常会这么想的父母，可能自己本身也精神不振或因工作太忙、身心疲惫等原因无暇顾及吧。

对于这种情况会在第六章里再做说明。但此时，要不要先翻看一下孩子小时候的相册呢？

孩子能从襁褓中的婴儿渐渐长大成人，正是因为有妈妈每天不辞辛苦地努力付出。请一边给予辛苦养育孩子的自己一份鼓励，一边为自己倒上一杯茶，看看照片，“那时候还这么小”“当时我是这样想的啊”，像这样慢慢地回顾一下吧。

把这个方法实际运用一下试试。

“怀孕的时候，我希望你只要能健健康康地出生就好，但是随着你渐渐成长，我开始希望你能做所有的事……要求也渐渐地变多了。”

“还是小宝宝的时候，笑了或是站起来了，不管做什么，我都是要夸奖一番的，现在居然完全忘记了。”

想必有些母亲会这样说吧。如果妈妈们都能稍微花点儿时间回顾一下过去，并给一直努力的自己创造一段自我鼓励的时间，那将是件很棒的事！

最简单的鼓励词汇

第六章

为了鼓励孩子，要先鼓励自己

想对孩子进行批评时的心理

真正想批评的是“不合格的自己”

“最近，虽然想对孩子和丈夫进行‘表扬’，但结果说出口的都是‘批评’。”有母亲这么说道。

确实是有这样的时候……

人不可能“总处于一个好的状态”，也会有莫名的状态不好的时候吧。

那么，把视线投向他人的“优点”（好的地方）时，和没有那样做的时候，到底会有什么样的差别呢？

某位女士来咨询的时候，一边哭一边开始倾诉：

“最近，我总对女儿发火，不知不觉就会扬起巴掌。我讨厌那样的自己……我想要改变这样的状态。”

我当时是这样对她说的：

“原来是这样。虽然知道这样不对，但还是动手打了女儿。很讨厌这样的自己，心里也很自责吧？但是，你既然鼓起勇气来到我这儿，就说明你自己已经开始改变了。这些都是因为有爱在里面，你为孩子考虑的爱，希望自身能有所成长的对自己的爱。让我们一起先从珍惜孩子、珍惜自己做起吧。”

于是，那位母亲抬起头说：

“我讨厌自己，对教育孩子这件事也没有信心，总是自责，觉得自己真是个差劲的母亲。我这一定是在跟自己发火。想打的其实不是女儿，而是自己。”

是的，不仅是对孩子，对任何其他人进行的批评、惩罚、否定，都是因为对自己不能做出认可的评定。这是在对自己进行批评、惩罚和否定。

实际上，不是在对孩子（他人）生气，而是在对自己生气，不能原谅自己。因为在责难自己，所以怒火也会波及孩子和其他人。

给自己的鼓励①

“这种情况很常见！”

先给已经意识到这一点的自己一朵小红花

说不出鼓励的话也好，会不自觉地对孩子唠叨也罢，这些都不用太在意。如果感到自己最近总爱生气或容易焦躁，并不是因为你很糟糕，而是心里的平衡被打乱了。这是你心里的勇气能量正在减少的信号。即便只是意识到自己爱发脾气，也请给自己一朵小红花吧，没有责备自己的必要。

人在疲劳的时候或是睡眠不足的时候，思想也会变得消极。身心是一体的。也就是说，心情不舒畅的时候，会把对自我的否定投射到他人身上。

子女教育、家务、工作……处在育儿过程中的母亲们，尤其感到分身乏术吧。

迄今，我和许多母亲共同学习，了解了许多父母和子女的想法，觉得在子女教育以及语言鼓励关怀上最为重要的，直接地说，就是父母要对自己做出“还不错”的认可。

这是因为，就像“孩子是父母的一面镜子”所说的那样，父母心里的状态会在孩子那里反映出来。父母对自己做出“还不错”的认可，那么孩子就会对他们自己做出“还不错”的认可，因为父母的心和子女的心是紧紧相连的。

正如同人无完人一样，这世上也不存在完美的父母。不管母亲是否完美，在孩子心里都是他们最爱的妈妈。“什么样的自己都是不错的”，妈妈们如果能带着这样的自信去教育孩子的话，就已经做得很棒了！

妈妈们如果不能先好好地珍惜自己，也就不能好好地爱护丈夫和孩子。妈妈的内心明亮起来以后，就能更好地爱护丈夫和孩子了。请先给予自己鼓励，用勇气填满自己的内心吧。

能鼓励此时的自己的语句

“这种情况很常见。”

“不可能总是笑脸迎人，没关系的。”

“休息一下也可以。”

“要给自己一个充电的时间啊。”

“有点儿累了吧？歇歇吧。”

“我很努力了。”

“是时候善待一下自己了。”

“在教育孩子上一直很努力。”

“每天都做得很好！”

给自己的鼓励②

不要把理想定得太高

试着把要跨的“栏”放得低一点儿

我经常听到这样的说法：“想要说点儿鼓励的话，结果对努力了却做不到的自己很失望。”

做到或做不到，只因结果高兴或悲伤，就成了只关注“结果”的“表扬”。真正的“鼓励”是关注“态度”和“过程”！挑战自己，试着给孩子鼓励，关注这其中自己的态度和方式，并好好地鼓励自己吧。这是给予充满干劲的自己的鼓励！

“必须很会鼓励人”“不能生气，必须鼓励孩子”之类的想法，其实是没有必要的。把理想定得太高的话，夹在过高的理想和现实之间的自己，会觉得很痛苦。

对此的建议是，试着把目标定得低一些，把要跨的“栏”放到

“低状态”。比如，首先仅尝试从孩子一回家就对他们笑脸相迎，或是尝试耐心地回应和倾听孩子在学校的所见所闻。“谢谢”“我很开心”“给我省事了”，试着比平时更有意识地去说这些话，等等。从即使不费劲也能做到的事情开始，一点点地去尝试怎么样？

能鼓励此时的自己的语句

“真想变得善于鼓励啊。但是也不用太着急，慢慢来。”

“不需要太高的理想，从力所能及的事情开始试试。”

“我真是个努力的人，即使‘理想不高’也没关系。”

“我充满着上进心。能有想尝试的勇气，很棒啊。”

“做得不好也没关系，慢慢就会熟练的。”

“今天试着从这一点做起吧。”

“不用太勉强自己。”

给自己的鼓励③

比起做不到的事情，要关注那些小小的进步

享受1毫米的成长

对于表达鼓励，只要稍加练习就能渐渐地适应掌握了。所以，一点点地努力练习吧。

小孩子在一开始练习骑没有任何辅助设施的自行车时，必须有大人去扶一把，一边摇摇晃晃一边往前骑。哪怕摔倒了，他也会再站起来，继续练习，孜孜不倦地继续着。孩子之所以反反复复地持续练习，是因为他觉得只要这样做就能学会。他不会跟别人比，而是按照自己的节奏去做。所以，你不必太拘泥于做的方式，一边轻松地鼓励自己，一边享受着哪怕“1毫米的成长”！

能鼓励此时的自己的语句

“比起之前，好像变得能有意识地鼓励孩子了。”

“发火了也没关系。”

“明天给孩子一个大大的拥抱吧。”

“当时没能说出鼓励的话，但是之后能考虑到要是这样说就好了。有进步。”

“变得比以前善于鼓励了。”

给自己的鼓励④

母亲也需要在看似平常的事情上受到鼓励

回忆一下自己的孩子还在腹中的时候

现在，请看一看站在眼前的孩子。刚出生的时候，他是那么小的一个婴儿，现在已经长这么大了。孩子个子长得很快，体格也变大了，要上幼儿园或是学校，很多事情从不会到会，每天都在成长。

自家的孩子健健康康地成长，是因为有妈妈饱含母爱的付出。这样说，也许会有母亲说“净生气了，谈不上什么母爱深厚”。

但是，请好好地想想看。母亲真是很了不起，因为她们总在考虑孩子的事情。正是因为担心孩子，所以她们有时候才会唠唠叨叨的吧。不管怎样，请母亲们尽量不必为此烦恼。正是因为想要更好地养育孩子，所以才产生了诸多烦恼，不是吗？

请回忆一下小生命刚刚在腹中孕育时的情形。当时是怎样的心情呢？又高兴又不知所措，也许还会百感交集。可能也有母亲会因为孕吐或是担心早产而产生一些不良的情绪。但是，在产检的时候，通过超声波检查看到宝宝的心脏在咚咚地努力跳动着，是不是会觉得太可爱了，继续加油，特别开心呢？

当腹部渐渐隆起，连洗头、剪指甲都会变得力不从心了吧？腰也会痛，也会有无法入睡的时候。终于到了临近分娩的日子，准妈妈会变得心神不宁起来。自然分娩和剖宫产我都经历过，不管哪种都很辛苦，但是和宝宝见面的那个瞬间的喜悦，是这辈子都难以忘怀的。

偶尔，一边浏览着孩子小时候的相册，一边对努力生下孩子的自己以及茁壮成长的孩子，在心里送上一份感谢怎么样？

请一定要试着找个时间回顾一下育儿之路，给自己一个鼓励！也可以夫妻两个人共同去回忆。

从刚刚开始孕育宝宝直到现在，妈妈终日无休，每天都在为了孩子而拼命地努力着。鼓励也好，生气也罢，这些事情其实都是非常小的事情。日复一日看似稀松平常的点滴累积，我觉得这里都饱含着“爱”。

做饭、洗衣服、打扫、送家人出门、晒被子、迎接家人的“回来了”……这些都是伟大的“爱”啊。

所以，妈妈养育孩子，仅这一点就已经是充满爱的行为了！我觉得生下孩子和养育孩子，可以说是这个世界上最伟大的事业。

也请母亲在这些日复一日看似平常的事情上，试着鼓励一下自己吧。

能鼓励此时的自己的语句

“每天都在很努力地养育孩子啊！”

“生孩子养孩子，我太厉害了！”

“今天的早饭做得很好吃啊。”

“打扫之后心情都舒畅了！”

“被子松松软软的，全家人都能睡个好觉了。”

“我在好好地工作着。”

“总是在想着孩子的事情，真是母爱满满呀。”

“感谢充满活力地生活的自己。”

“工作和家务，做得不完美也没关系，不用勉强自己！”

给自己的鼓励⑤

感受自己真实的想法

试着和“小孩子的我”对话

每个人的心里，都共存着“大人的我”和“小孩子的我”。“小孩子的我”如果要形容的话，大概是儿时5岁的自己。这个小孩子的自己，会有觉得“很伤心”“很寂寞”“听我说啊”“想撒娇”“谁能明白”的时候。

这个时候，请试着想象一下让“大人的我”去拥抱“小孩子的我”，并予以倾听的情景。

容易焦躁不安的时候，以及愤怒情绪的根源，都是因为有很多潜藏着“悲伤”“寂寞”的事情发生。自己此时内心深处的所思所想是什么样的呢？这需要好好地和自己进行对话，以便感受和确认。

在关于“内心里那个‘小孩子的我’”的讲座中，我对听讲者做过疏导。于是，我听到很多“心情平静了”“能打起精神了”“也不知道为什么就流泪了，眼泪流完了心情也舒畅了”等说法。

在想象中，“大人的我”说着“好了好了”去拥抱“小孩子的我”，也会用充满鼓励的话语，让内心得到满足。

即便是消极的情绪，也要清清楚楚地去感受，这样做能让自己得到解放。绝对不要遮遮掩掩的。在察觉到“啊，我现在觉得很难过”“真想发火啊”的时候，去感受自己“很难过啊。是吗？心里是这样想的啊”“现在很焦躁吧。真是很讨厌啊”这样真实的心情吧。

当然，也可以找谁倾诉一下。不用强颜欢笑，也不用勉强自己去做积极的思考。

不论是怎样的情绪，都是非常重要的来自内心的信号。不用刻意排除，学着跟它们好好地相处吧。

能鼓励此时的自己的语句

（想象一下小孩子的自己）

“最近自己在独自努力。不要再自己硬撑着了，依赖一下丈夫吧。”

“也可以请别人帮帮忙啊。你不是独自一个人。”

“迄今都很寂寞吧。你现在已经不是独自一人了。（大人的我）会一直支持你的。”

“你现在很担心吧。把这些心情说给丈夫听听吧。”

“无缘无故地感到不安啊。跟朋友聊一聊，听听他们的建议吧。”

（察觉自己内心的状态）

“是吗，是这样啊……是这样想的啊。明白了。你是觉得××吧。”

→想象一下“大人的我”怀抱着“小孩子的我”的情景。通过共鸣去释放这些情绪，这样会开心一些。

结束语

在阅读了这本书之后，有些读者可能会想，“这些话我能说得出来吗”“好像挺难的”……

但是，一开始就算不是鼓励达人也没关系，而且这也是不可能做到的。我自己也还在练习当中。

本书所写的这些表达方式也并不是全部，如果有100个母亲的话,那就有100种育儿的方式，我想这是好事。

不用去反省，觉得自己做不到这些真是没用，也完全没有责备自己的必要。

不管重复进行多少次，育儿这件事情都没有标准答案，所以请不要太过紧张，放松且从容地去实践吧。

感到困惑的时候就试着把问题想简单一点儿。

试想一下“如果是自己的话希望如何被对待”。另外，我觉得如果能给予对方鼓励，就不用拘泥于方式方法，从眼前力所能及的事情开始一点一点地去做……有这种态度就可以了！

鼓励孩子的时候，我们自己的耳朵也在听着，所以也会使我们自己的内心受到鼓舞，充满活力！

在本书当中，为了便于理解，我是根据场景划分来介绍不同的鼓励方式的。但现实中没有这样的限制，随时随地都能成为需要表达鼓励的场合。

孩子因我们而来到这个世界上，跟我们生活在一起，很多事情从不会到会，渐渐地茁壮成长，光是这些就可以给他打100分了。看着这样的孩子，用加法思想给予他们鼓励的同时，也请给每天辛苦育儿的自己多一些鼓励吧！

育儿的路上不是只有晴天，也会遇到风雨。有情绪高涨的时候，自然也就会有情绪低落的时候。这种时候请试着去充分地放松身心，鼓励自己，顺利地度过。

此时，对我来说受用的词是“唉，算了”。

说了之后心情会嗖的一下立刻变得轻松起来，所以推荐给大家。

“鼓励＞打击”。如果能做到鼓励最好，即便有时候做不到也没关系。在适应的过程中，关键是要“持之以恒”，所以慢慢来，不用着急。在讲座中，我注意到也有很多母亲会觉得不能对孩子发脾气。如果觉得总发脾气的自己是差劲的，那就大错特错了。生气是常有的事，重要的是亲子间的信赖。若能鼓励孩子让他们觉得“我能做到”“妈妈是永远站在我这边的”，那就可以跟孩子建立起信赖关系。发火有点儿发过头了？出现这种情况的时候，可以用鼓励的方式，或想别的方法进行补救。

至今，我仍在和许多妈妈一起学习育儿这个课题，坚持鼓励他人和自己的人，确实发生了变化。即便一开始难以适应，也请试着坚持下去，一定会慢慢习惯的。

我们需要共同思考的是，无论是孩子还是大人，都具备“自我学习的能力”。每个人都拥有能“变得更好”的无限力量。所以，父母觉得不好好地指点孩子就无法成长，不跟他们说就不知道学习，就是不相信孩子自己的能力。要相信孩子的内在有着出色的能力，并且无论何时都请告诉孩子“妈妈是你最好的伙伴，会一直支持你的”。这样一来，孩子本就拥有的能力会得到很快的成长。并且，也请把这句话送给你自己。实际上，大人也是如此。成为世界上唯一的最好的自己的支持者，这样就可以产生更多的勇气。

有很多母亲说，知道要去鼓励孩子，但是总用着千篇一律的词汇，所以想知道更多的相关表达方式。本书就是根据这样的要求而诞生的。虽然我想让大家尝试一下看看，但这也只不过是在大家不知道该怎么办的时候，给出一个示范作为建议而已。不要拘泥于那些细微之处，请先按照自己的方式去试一试。

比表达更重要的，不是自己跟孩子“说了什么”，而是“要不要鼓励孩子”。只是浮于表面的鼓励，是无法传递到孩子的心里的。孩子是很敏感的，瞬间就能洞悉父母是不是基于自己的情况而说的，是不是真的为了自己的幸福才说的。父母替孩子着想的心情是不会变的。为了传达出期盼孩子幸福的意愿，如果能将本书作为参考，那我会感到非常开心。

本书在出版之时，受到了（株）日本能率协会管理中心出版事业本部的久保田章子女士的大力支持。此外，还要向参加HeartySmile讲座的各位、在演讲现场相逢的各位、博客和电子杂志的读者们，以及阅读本书的你，表达我最诚挚的感谢。

如果勇气的接力棒能传递给深爱的孩子或是身边亲近的人，那将是非常开心的。

给育儿赋予爱、勇气和幽默吧!

原田绫子

2015年7月